あたらしい高校生

（海外のトップ大学に合格した、日本の普通の女子高生の話）

山本つぼみ

IBCパブリッシング

あたらしい高校生

海外のトップ大学に合格した、日本の普通の女子高生の話

アメリカの最難関大学に合格し、
全額免除の奨学金をもらい、
進学後は成績優秀者リスト入り

そう聞くとこう思いませんか？

それは有名進学校の生徒なんでしょ。
どうせ帰国子女に決まってる。
特別な人の話だから自分とは関係ない。

でもそれがもし、

日本生まれの日本育ちで
英語が全くしゃべれない
普通の高校生
だとしたら……

「そんなの無理」で終わる話でも
誰かが「君ならできるよ」と
毎日言ってくれたら？

「もしかすると
海外のトップ大学に行けるかもしれない」

そう信じて歩き始めた
ある女子高生の話です。

もくじ

第1章　普通の高校生でも海外の大学を受験できるの？

第2章　合格を掴み取るまでの軌跡

第3章　アメリカでの大学生活

生活編

勉強編

番外編

本書によせて

第1章
普通の高校生でも海外の大学を受験できるの？

私は日本で生まれ育ち、小中高は地元の公立校に通い、高校卒業後に直接アメリカの大学に進学しました。大学生活はいま最初の2年間が終わったところで、これから大学3年生になろうとしています。

はじめに、私の生い立ちからアメリカの大学を目指すと決意するまでの約17年間を、ぎゅっと凝縮してお話しします。

大阪・箕面《みのお》生まれの箕面育ち

私の故郷は、大阪府箕面《みのお》市という、市面積の3分の2を森林が占める自然豊かな街です。普通のサラリーマンの父と母の間に生まれ、市内の保育所と公立の小中高に通う、一般的な家庭で育ちました。

両親ともに旅行好きなこともあり、時々ですが家族で海外旅行をすることもありました。シンガポール、ハワイ、カナダ、中国、カンボジア……幼い頃にいくつかの国に連れて行ってもらった記憶がありますが、1週間以上の滞在をしたことはありません。

もちろん英語は全く話せませんでした。唯一話したことのあった英語は、飛行機の中で飲み物を聞かれたときに答える「Apple juice, please」くらいです。

本当は紅茶が飲みたかったのですが、「砂糖はいりますか?」「ミルクはいりますか?」といろいろ聞かれると英語で答えられないので、いつも「Apple Juice, please」しか言いませんでした。そんな私がのちにアメリカの大学に行くことになるとは、誰も想像していなかったと思います。

芸能界に憧れる小学生

一人っ子だったので、小学校が終わると共働きの両親が帰ってくるまで、留守番をしながらずっとゲームをしていました。この頃ひそかに役者という仕事に憧れ、ドラマのセリフを真似ては1人で遊んでいました。

どうやったら芸能の世界に入れるのかをインターネットで調べているうちに、プロの俳優養成所に入らなければいけないと思い立ったのは、小学6年生のときです。

そこで「子役で有名な劇団兼俳優養成所のオーディションを受けてみたい」と母に相談しました。

最初は本気だと思ってもらえませんでしたが、どうしてもあきらめきれなかった私は、もう一度母に頼みました。すると、オーディションを受けてもいいと言われました（後になって「子どもが2回やりたいと言ってきたことは本当にやりたいことだと思ったから」と教えてくれました）。

オーディションに無事に合格し、養成所に入ってからは毎週演技のレッスンに通うようになりました。

それまでの私は、人見知りが激しく、知らない大人に会うと母の背後にスッと隠れたり、元気だったのに急に寡黙になってしまうくらい、シャイな性格でした。

それが大きく変わったのは、劇団自主制作のミュージカルの舞台に立つようになってからです。

男女長幼を問わず3歳～60歳台までの学生、社会人、プロの役者といった様々なバックグラウンドの人たちと、夏休み中はほぼ毎日朝から晩まで一緒に稽古をしました。周りの人と積極的にコミュニケーションを取り、協力して何かを成し遂げようとする姿勢は、演劇の経験から学んだと思います。

アメリカのように人種・文化・価値観が多様な社会でも、この経験は非常に生きています。

いま思えば、劇団という全く新しい世界に1人で飛び込んで身に付けた自信は、海外の大学という新しい環境に行きたいと思ったときに、「大丈夫だよ」と自分の背中を押してくれた財産の一つでもありました。

受験よりもダンス

私は中学でも演劇部に入り、平日は部活動、休日は劇団での演劇・ダンス・声楽のレッスンにのめり込んでいきました。

特に中2でダンスに目覚めてからは毎日3～4時間家で自主練習をし、それでも踊り足りないほどでした。

そうしているうちにあっという間に中3の2学期になり、慌てて高校受験を真剣に考え始めたものの、模試での志望校判定は無残なE判定。

普通ならここで落ち込むところですが、このときの私の頭の中は、ダンスのことでいっぱいでした。受験勉強にかける時間を抑えて、ダンスの練習の時間を確保するために、急きょ受験校のレベルを落とし、大阪府立箕面高校を受験することに決めたのは中3の11月になってからです。

他にも同じくらいの偏差値の高校はありましたが、朝が弱かったので家から最も近く、かつ制服がないという自由な校風に惹かれて、箕面高校を志望しました。

同級生には「ちゃんと勉強すればもっと上のレベルの高校に行けるのに」と言われましたが、「どこの高校に入っても同じだろう」と受験には興味がありませんでした。

当時の箕面高校は、2月の前期入試が国際教養科（現・グローバル科）、3月の後期入試が普通科の試験日程でした。

さっさと受験を終わらせてダンスに集中したい。その一心で、私は迷わず国際教養科を受験することに決めました。まさに行き当たりばったりの決断です。

しかし国際教養科の入試なので、英語の配点が高いのは当たり前のことでした。

実をいうと中学の英語の定期テストでは、いつも平均点を切らないかとヒヤヒヤしていたほど、英語に対して苦手意識がありました。

中3の英作文で“Do he like to study English?”と書いたり、“huge”という単語を「フゲ」と読むなど、母に「あなたは英語のセンスが本当にないわね」と呆れさせてしまうくらいでした。

「国際教養科は難しいんじゃないか？」と母は思っていたようですが、なんとしてでも前期の日程で合格したかったので、年末のダンス発表会を終えた1～2月にかけて、英語を重点的に勉強しました。

その甲斐あって、なんとか箕面高校国際教養科に合格することができたのは、本当に幸運だったとしかいいようがありません。

この結果に驚いた母は、私が国際教養科の授業についていけるのかと不安になったようです。高校入学直前の春休みには英会話教室に通わせてくれました（とはいうものの、1ヵ月間通っただけでは焼け石に水でしたが……）。

なんの計画性もなく進学することになった箕面高校でしたが、それが人生を大きく変えることになるとは、このとき夢にも思いませんでした。

負けず嫌いの塾嫌い

私は高校受験も大学受験も、塾には行っていません。海外大学受験者向けの予備校にも結局は行かず、独学と学校の先生たちのサポートのもとでの出願でした。

理由はただ一つ、右を向けと言われると左を向きたくなるように、他人に何かを「やれ」と言われることはやりたくない、天邪鬼《あまのじゃく》で頑固な性格だからです。

自分が勉強したいと思った時間に、そのときに勉強したいと思った科目に取り組みたい。塾のように決められた時間に決められた科目を勉強するスタイルに、強い抵抗感がありました。

中2の時に一度だけ塾に行かされたことがありますが、そのときは本当にひどい生徒でした。

わざと遅刻したり、宿題を全くやらなかったり、個別指導なのに先生を無視するなど、塾を辞めたいがために必死に抵抗しました。「お金の無駄」と母に言われて、ようやく退塾できたのはその2ヵ月後。以来、塾に足を踏み入れたことは一度もありません。

高校に進学してみると、当たり前のように、同級生の9割以上が塾に通っていました。

私は「塾に行かなくても成績が取れることを見せつけてやる」という意地をモチベーションに、勉強に取り組むようになりました。

このときに身に付けた、1人でコツコツと勉強する習慣は、アメリカの大学受験のとき、そして進学後も大いに役立っています。

というのも、アメリカの大学を受験するためには、センター試験のようなテストの結果だけではなく、高校の成績・エッセイ・課外活動の実績などの提出が求められ、同時にこなさないといけないことが山積みだからです。「いつまでに何をすればいいのか」を自分で考え、計画的に行動しなくては、アメリカの大学に合格することはできません。

また、大学に進学できたとしても、毎日エッセイや予習用のリーディングに追われ、正しく優先順位と時間配分を自分で設定しなければ、到底間に合いません。勉強の計画を立ててくれる塾の先生はいないのです。

私はまだ社会人ではありませんが、このセルフマネジメントとマルチタスク能力はきっと仕事でも活かせるスキルの一つだと思います。

あくまでも個人的な価値観から塾には行かなかった私ですが、決して塾に通うことを否定しているわけではありません。

それでも、なぜ学校で全ての勉強が完結しないんだろう？　と思うことがあります。塾という存在があることで、学校の授業を全く聞かずに寝ている生徒や、センター試験までに教科書の範囲が終わらない先生が私の身近にいました。ほとんどの生徒が塾で先取りしているから、その先生は終わらなくても問題ないと考えていたようです。私のように塾に行っていない生徒には「授業で終わらなかった部分は自分で勉強して、分からなかったら聞きにきて」という対応でした。昨今の大学入試改革しかり、大人の事情に生徒が振り回されるのには正直うんざりです。大学受験前には学校を欠席して、塾の自習室にこもっている同級生もいました。では、なんのために学校はあるのでしょうか。

もし学校で勉強が完結できたなら、放課後や休日は課外活動をしたり、本を読んだり、旅に出たり、いろんな人に会いに行ったり、もっと人生が豊かになるのではないか。私はそう考えています。

我が家の教育方針

「やりたくないことは強制しない。本気でやりたいことは全力で応援する」そんな両親でした。

塾も行きたくないと言ったら辞めさせてくれました。小2から習っていたピアノを、小6で飽きたので辞めたいと言ったときも、咎《とが》められることはありませんでした。また、我が家では、私の勉強机はリビングの一角にあります。自分の部屋で勉強したくないと私が言ったからです。寂しがり屋の私は、誰かがいる空間の方が落ち着いて机に向かえるのです。

はじめは「自分の部屋でちゃんと勉強しなさい」と言われましたが、頑《かたく》なにリビングで勉強する私を見かね、勉強机を自室からリビングに運んでくれました。そうして小学生の頃から大学受験まで、私はずっとリビングで勉強していました。

このように「やりたくないことは強制しない」一方で、ダンスや演劇など私のやりたいことは全力で応援してくれる両親でした。海外大学受験にチャレンジさせてくれたことも、その一つです。

この本を書くにあたり、私を育てる上で何か教育方針はあったのか父に聞きました。

すると、ノーベル平和賞を受賞したマララ・ユスフザイさんの父親がTEDトークで語った教育方針と、偶然にも自分の教育方針に通じるものがあったと父は言っていました。

マララさんの父親は娘の育て方を以下のように語りました。

「周りの人達から　マララみたいに強くて、勇敢で、雄弁で、落ちついた子どもの育て方の秘訣を聞かれます。　私の答えは、私が何かしてあげたのではなく、あることをしなかったお陰でしょう。彼女の『翼』を切り取らなかった（I did not clip her wings）。それだけです」

ユニークな校長先生

「あれ？　説明会のときと校長先生が違う？」

私が箕面高校の入学式で見たのは、着任したばかりの新しい先生でした。それが民間人校長として着任した日野田直彦先生でした。

校長先生というと、たいていは50歳くらいで、延々と長い話をするイメージをもっていました。ですが日野田先生は、着任当時36歳の全国最年少の校長で、簡潔で明晰な話ぶりは、それまでの校長先生のイメージとは全く違いました。

始業式でいきなり「生徒も先生もみんなで新しいことにチャレンジしよう」と話しているのを聞いて、「変な校長先生のいる高校に入ってしまった」と思ったのが第一印象でした。

着任された日野田先生が行った最初の取り組みは、国際教養科の生徒を対象とした毎週土曜日のＴＯＥＦＬ iＢＴ対策の特別講座です。

ＴＯＥＦＬとは英語の四技能を測る試験です。このときの私は、まだＴＯＥＦＬが何かよく分かっていませんでしたが、担任の先生に勧められるがまま参加しました。

TOEFLはTOEICとは異なります。TOEICは紙ベースのテストですが、TOEFL iBTでは約3時間パソコンに向かって受験します。

試験内容も、TOEICは主にリスニング力（聞き取る力）とリーディング力（読む力）を測りますが、TOEFLはそれにスピーキング力（話す力）とライティング力（書く力）を合わせた四技能を測ります。TOEICは就職活動など主にビジネスシーンで利用されていますが、TOEFLは留学する際にスコアの提出が求められ、TOEICよりもグローバルに通用する資格です。


この特別講座は、大手英会話塾のベルリッツと共同開発で実現した授業でした。共同開発という名目で、年間約15回の講座が60万円という超低予算で実現されたそうです。受講生が約40名だったので、1人当たり年間1万5000円です。

「そんな予算で実現できるの？」と驚く方もいると思いますが、公立高校でも知恵と実行力があれば、このような先進的な取り組みが実現できるのです。

今でこそ日野田先生が箕面高校で取り組んだチャレンジと改革の成果は、講演会や著書『なぜ「偏差値50の公立高校」が世界のトップ大学から注目されるようになったのか!?』を通して多くの人に知られるようになってきましたが、このときから「できない理由」よりも

「できる方法」を探すという姿勢を、身を持って私たちに見せてくれる先生でした。

生徒と先生が一緒に創る「正解のない授業」

初日のTOEFL対策講座で覚えているのは、コップに水が半分入っている絵です。

「このコップに入っている水は多いと思いますか、少ないと思いますか」

ベルリッツから来た講師の先生がそう問いかけたものの、誰が答えるわけでもなく、教室は水を打ったように静かでした。内心で「これが英語の勉強なんだろうか」と戸惑ったのを覚えています。

授業が終わると、後ろから見ていた日野田先生が苛立ったようにこう言いました。

「なぜみんな黙っているんだ。なぜ手を挙げて発言しないんだ」

その瞬間、教室にいた全員が、その場で凍りついたことを覚えています。

私もなぜ怒られているのかよく分からなくて、そのまま黙っていました。

思い返すと、私は小学校低学年まではよく授業中に手を挙げて発言する子どもでした。しかし高学年のときに、間違った答えを発表したクラスメイトが先生に叱責されているのを見てから、自然に手を挙げないようになったと思います。

中学に入ってからは、授業中に手を挙げて発言するという機会も減り、いつの間にか黙って先生の話を聞くことが、当たり前の授業の受け方になりました。

もしかすると、この本を読んでいる方も多かれ少なかれ、同じような経験を持っているかもしれません。

ＴＯＥＦＬ対策講座の初日、私だけではなく教室にいた生徒おそらく全員、なぜ日野田先生が私たちに苛立っているのか理解できなかったと思います。

それくらい、私たちには「授業は黙って受けるもの」という姿勢が染みついていたのだと思います。

後になって、このコップの例は「一つのものに対していろいろな見方がある。正解はない」ということを伝える授業だったと知りました。

「少ない」と答えても、「多い」と答えても、きちんと理由付けができていれば、どちらも正解なのです。もしかすると、この二択以外の答えもあるかもしれません。

この講座で扱うＴＯＥＦＬの問題は、「決まった正解がない」という点で通常の授業と違っていました。

「あらかじめ決められた正解しか認めず、他の回答は不正解」という正解至上主義にとらわれていた私たちが、正解のない問題に沈黙してしまったのは、仕方のないことだったと思います。

ＴＯＥＦＬ対策講座の真の目的は、英語を学ぶことだけではなく、「答えのない問題に対して自分なりの答えを出す。その答えを自分の言葉で説明する」という、世界に出ても通用するマインドセット（心構え）を鍛えることでした。

「生徒と先生が一緒に創る授業」という理念をもとにデザインされたこの講座では、日野田先生だけでなく、他の先生たちも生徒からフィードバックを聞こうとする光景をよく見かけました。

気づけば自分自身も、「先生たちがこんなに頑張っているなら、私もより良い授業を創るために協力したい」と思い、積極的に発言したり、先生たちに授業の感想を自分から伝えるようになりました。

「教える人・教えられる人」といった従来型の授業とは違う、「生徒と先生が一緒に創る授業」を実際に体験できたことはとてもラッキーだったと思います。

TOEFL対策講座で学んだことは英語だけではない

このTOEFL対策講座では、海外の大学に行ってからも活用できるアカデミックスキルや思考方法を教えてもらいました。

例えば、2つのものを比較したり、ある物事の長所・短所を比べる際に有用なTチャートは、ノートを取るときや、プレゼンのスライド、ホワイトボードに書き出す際によく使っています。

夏と冬のどちらが好きか？

夏	冬
海で泳げる	雪遊びができる
花火大会がある	お正月にお年玉がもらえる
夏休みがある	温泉が楽しめる

Tチャート実例

他にも素早くノートを取るために、省略形を用いたノートの取り方も教えてもらいました。

例えば

without → w/o
with = w/
between → b/t
because → b/c

というように単語を省略化することで、リスニングをしながらでも聞き逃すことなくメモをとることができます。こういったノートテイキングの手法は、大学の授業で日々使っているものばかりです。

また毎回のディスカッションを通じて、ロジカル・シンキング（論理的思考）やクリティカル・シンキング（批判的思考）も養うことができました。

ここでいうロジカル・シンキングは、なぜそのように考えたのかを相手が納得できるように説明する力です。クリティカル・シンキングとは、一方的に相手の意見がダメだと非難するのではなく、「別の視点から見たらこうも考えられる」という新しい視座を与えるような建設的な姿勢です。

高2最後のＴＯＥＦＬ対策講座では、抽象的なテーマ（「炎」「アップル」「ローマ帝国」など）を自分たちで深掘りし、チームでプレゼンテーションを作りました。2年間の集大成として、チームビルディングやプレゼンテーションのスキルを、存分に磨くことができたと思います。

アメリカの大学でも、そして社会に出てからも役立つマインドセットとスキルをたくさん学べた講座でした。

日本一のダンス部に入って

箕面高校のダンス部が、全国大会連覇を誇る強豪だと知ったのは、入学してからのことです。入学式の日に体育館の前で練習している姿を見かけたのをきっかけに、高校で青春を謳歌したいと思っていた私は、さっそく2週間の仮入部に参加しました。

いざ飛び込んでみると、そこで待っていたのは想像以上に厳しいトレーニングの日々で、初日は100人以上いた入部希望者が、2週間で約60人にまで減ってしまうほど過酷なものでした。

それでもなんとか耐え抜き、念願の入部を果たしたものの、ダンス部に入るために箕面高校に入学したという人も多く、部内での競争の激しさはまさに全国レベルならではの熾烈なものでした。

部員の数も、私の学年だけで60名もいる大所帯だったので、全員が同じステージに立てるわけではありません。選抜試験と呼ばれるオーディションが年に2回あり、上位に選出されたメンバーだけが大きな大会に出られます。

在籍100名を軽く超える箕面高校のダンス部

選抜試験では1位から最下位まで全員に順位を付けられて、みんなの前で「1位○○、2位○○、3位○○……以上が今回の選抜チームのメンバーです」と顧問が結果を名指しで読み上げる、とてもシビアなシステムでした。

半数近くが未経験者からのスタートにもかかわらず、全国トップクラスの実績を誇るダンス部たる所以《ゆえん》は、こういう所にあったのだと思います。

中学時代からダンス経験をもつ私は、ひそかな自信を胸に最初の選抜試験に挑みました。

しかし残念ながら選抜チーム入りはできず、付きっきりで指導してくれた先輩の前で、悔しくて泣き崩れたのを覚えています。しかし、負けず嫌いの私は「次こそ選抜入りする！」と翌日から気持ちを切り替え、それまで以上にダンスに打ち込むようになりました。

朝7時過ぎに家を出て、8時半の一限目が始まるまで約1時間の朝練。昼休みはお弁当を食べてから昼練。4時から6時半頃まで通常の部活動をした後も、自主練や筋トレをしました。

帰宅してソファーに座ると、夕食も食べずに気が付けばいつも爆睡。そのまま朝を迎えてまた朝練へ……という毎日でした。

その甲斐あって、2回目の選抜試験では無事に合格し、さらには選抜チームの副キャプテンを任されることになりました。

異なる文化に対応する柔軟さ

箕面高校のダンス部で驚いたのは、規律の厳しさでした。

ダンスという言葉の響きから連想されやすい軽いノリや、チャラいイメージを払拭するために、また3学年合わせて150名という大所帯をまとめ上げるために、部には様々な規律がありました。
「先輩と廊下ですれ違ったら後輩から挨拶する」
「先生や先輩が話しているときは両手と両足を揃えて立つ」
など、態度や服装に関するルールはもちろん、遅刻・忘れ物に対する罰則まで決められていました。

この時期に先輩・後輩という上下関係に対する意識を、私はしっかりと叩き込まれたように思います。それがアメリカに来てからもなかなか抜けず、渡米直後は相手の学年が一つ上というだけで萎縮して接する学生でした（アメリカの大学では学年による上下関係は存在しません）。

同じ大学の日本人の先輩から「敬語じゃなくていいよ」と言われても、なかなかその通りにはできませんでした。学年を問わず、誰とでもフレンドリーにコミュニケーションが取れるようになったのは2年目になってからです。

アメリカでは約束の時間に対してルーズなことも多く、友達との待ち合わせで数分の遅刻は誤差の範囲内です。ダンス部のように5分前集合は、まずありえません。

渡米してすぐの頃は、5分の遅刻にも常にイライラしていました。

そのうちに「あ、これは文化の違いなんだ」と受け入れるようになってからは、無駄に苛立つことはなくなりました。

逆に日本に帰国したときには、上下関係や時間厳守といった日本独特の文化に配慮するようにしています。

「郷に入れば郷に従え」と言うように、その場の文化に対応することは、そこにいる人に対して敬意を払うと同時に、円滑にコミュニケーションを進めるために大切なことです。

日本とアメリカという対照的な文化圏を行き来する中で、文化的な差異を理解し、対応する柔軟さを学べたことは良い経験だったと思っています。

「海外大学進学」という選択肢との出会い

高校入学以来、ずっとダンス漬けだった私が、初めて海外の大学という選択肢に出会ったのは高1の3学期でした。

日野田先生がアメリカのトップ大学を卒業した日本人をゲストとして箕面高校に招き、初めての海外進学説明会が校内で開催されたときのことです。

日本の普通の高校から、独学で英語を勉強してアメリカに留学したという話を聞いたときは、「そんなことが本当にできるんだ！」と、ただただ目からウロコでした。

それまで海外の大学へ進学する人は、海外の高校に行っている人や帰国子女、インターナショナルスクールに通っている人など、特別なバックグラウンドを持っているものだと思い込んでいたからです。

「アメリカの大学ってなんかカッコいいし面白そう！」と、どんどん話に惹き付けられました。

また、アメリカの大学の受験は英語力だけで合否が決まると思っていましたが、実は高校3年間の成績や課外活動、エッセイ、推薦状など、様々な要素を総合的に評価されて最終的に合否が決まることも、初めて知りました。

とにかくアメリカと日本の受験システムの違いに驚くばかりで、このときはまだ「海外に行って○○をしたい」という明確な目的はなく、漠然とアメリカの大学へ憧れを抱いていただけでした。

全く英語が話せない自分が、海外の大学に行けるとは思えず、「選択肢としてとっておこう」というくらいの軽い気持ちでその日は終わりました。

ですが、この日の出来事が、その後の人生を大きく変えることになりました。

「君ならできるよ」

TOEFL対策講座のおかげで、英語に対する苦手意識はだいぶ薄らいではいたものの、高1の終わりに受験したTOEFL模試の結果は、120点満点中30点台。アメリカの名門大学に行くには100点が必須。思い上がりも甚だしいと思えるくらいの実力でした。

それでもアメリカの大学のことがいつも頭の片隅にあり、それについて調べれば調べるほど、その教育システムやダイバーシティ溢れる環境、緑豊かなキャンパスの写真に心が惹かれていきました。

2年生になってすぐの5月のことです。数学の先生に「将棋のチームを作らないか」と突然誘われました。

聞くと、将棋は男女別の競技で「女子生徒の競技人口がとても少ないから、少しがんばれば全国大会に行けるかもしれない」というのです。

将棋は小学生のときに少しだけ父に教えてもらっていましたが、駒の動かし方を知っているだけで、定石も戦法も何も知りません。それでも将棋のルールを知っていた女子は私1人だったこともあり、気がついたらキャプテンになっていました。

将棋に興味のある同級生が5~6人参加することになり、団体戦に出られる人数は確保できたものの、私以外は全員未経験のメンバーでした。

そんなときに、日野田先生が大阪府中・高等学校将棋連盟会長で、全国大会に出場させた指導経験があることを知り、校長室で基礎から将棋を教えていただくことになりました。

最初の頃はチームメンバーたちと一緒に行っていましたが、そのうちに週2~3回くらいの頻度で1人で校長室を訪ねては、先生と一局を交えるようになりました。

全く歯が立たなかったので、いつもハンデをもらいつつ、公式戦では使えない「待った（一手打つ前の状態に戻すこと）」を許してもらいながら、こつこつと将棋の腕を磨きました。

日野田先生は多忙だったにもかかわらず、いつも仕事の手を止めては、私との対局に真摯に向き合ってくれました。気がつくと将棋を指しながら、先生といろいろな話をするようになっていました。

内容は他愛のない世間話から学校生活、部活動の話、TOEFL対策講座に対するフィードバックなどです。帰国子女だった日野田先生からは、クーデターが頻発していたタイで育った経験、インターナショナルスクールでのディスカッションやプロジェクト中心の授業、海外の大学に交換留学をしていた話、これらの経験を通じて出会った個性豊かな人たちの話をたくさん聞きました。

「本当にこのまま、日本に留まっていいのかな？」

先生と話していて、そんな思いが頭をよぎるようになりました。

箕面で生まれ育ち、日本で生きていくことに疑問を感じたことは一度もありませんでした。それがいつの間にか「私も先生のようにもっと広い世界を見てみたい」と思っている自分に気がついたのです。それからは自然に、アメリカの大学への進学について日野田先生に相談するようになりました。

このときの私は、留学経験ゼロ、英語も話せない、優れた課外活動の実績もない、アメリカの大学に進学できても学費も払えないという公立高校の一生徒でした（第2章でも触れますが、アメリカの大学は年間500〜800万円の学費がかかります）。

担任の先生も両親も、そして私自身も、アメリカの大学なんて夢のまた夢だと思っていました。

しかし、私の可能性を見出し、最後までその可能性を信じつづけてくれたのが日野田先生でした。先生だけが「君なら奨学金を取ってアメリカのトップ大学に合格することも夢じゃない」と会うたびに私に言いつづけるのです。私は「そんなの無理だ」と思っていました。しかし人間とは不思議な生き物で、「君なら行けるよ」と何度も呪文のように言われつづけると、「もしかしたら私って海外大学に行けるかも？」と脳が勘違いし始めたようなのです。

私は高2の1学期を境に、本格的に海外大学進学の道へと舵を切っていきました。大いなる勘違いが人生を大きく変えることがあります。それも予期せぬ嬉しい方向へ。勘違いさせてくれる人に出会えることは、幸せなことだと私は思います。

かけがえのないもう1人の恩師

日野田先生ともう1人、海外の大学を目指すにあたってお世話になった人がいます。それが高2の春から箕面高校にSET（Super English Teacher）として着任された高木草太先生です。ベルギーとマレーシアで育ち、オーストラリアの大学を卒業し、英語が堪能だった草太先生には、英語面に関して全て頼りました。

日野田先生に「とにかく英語力を上げたい」と相談したところ「じゃあ草太先生のところに行っておいで」と言われたのがきっかけで、着任したばかりの草太先生にＴＯＥＦＬのエッセイ添削をお願いすることになりました。

今思えば、この頃の私のＴＯＥＦＬのエッセイは、センテンスごとに文法ミスがいくつもあり、論理性も欠けためちゃくちゃな文章でした。

草太先生から「何が言いたいのか分からない」というコメントを付けられ、毎回真っ赤になって返ってくるエッセイを見るたびに、心が折れそうになりました。それでも、「もっと上手くなって見返してやる！」と気を取り直し、こつこつとエッセイを書いては添削をお願いする毎日が、このときから始まりました。

草太先生には、ライティングに必要な文法・表現方法だけでなく、論理的かつ批判的な視点で自分の意見をまとめる方法も教えていただきました。あるとき、「何が言いたいのかよく分からないから、書きたい内容を方程式に表してみて」と言われたこともあります。

理系のバックグラウンドをもつ草太先生ならではだと思うのですが、エッセイの内容を、○○○（要素1）＋○○○（要素2）＝△△△（主張）といった方程式に表しなさいというのです。おかげで、伝えたいことを誰にでも分かりやすく伝えるための構成方法なども学ぶことができました。

大学でも上級生にエッセイの添削をお願いすることがよくありますが、文法ミスを修正されることはあっても、論理展開を指摘されることがほとんどないのは、このときのトレーニングのおかげだと思います。

他にも草太先生にはエッセイだけでなく、テスト対策から推薦状まで全面的にサポートしていただきました。

日野田先生と草太先生という、広い世界を見て生きてきた先生たちと出会い、接することで得た、「自分もいつか広い世界を見たい」という想いが、アメリカの大学を目指す原動力になりました。日野田先生からは世界で通用するマインドセットを、草太先生には海外で活躍するために必要なスキルを教えていただいたと思います。

この2人の先生が、同じ時期に同じ高校に着任されていたことは、運命と呼ぶにはできすぎではないかと思えるほどで、どちらかの先生が欠けていたら、私が海外の大学に行くことはありませんでした。

いつ何時、誰と出会って人生が変わるか分かりません。だからこそ、いろんな場所に行って、いろんな人に会いたいといつも思っています。

ダンス部を選ぶか、アメリカの大学を選ぶか

日本の大学とアメリカの大学の狭間で決めきれていなかった私が、アメリカへの進学を目指すと決意したのは高2の5月頃です。

アメリカの大学受験と奨学金の仕組みをインターネットで調べてから、両親に「アメリカの大学に行きたい」とストレートに伝えました。

留学経験をもつ両親は、私の決断を最後まで聞いたのち、奨学金を取ったら留学してもいいという条件付きで賛成してくれました。

その一方で、ダンス部では夏休みの全国大会に向けて、より一層練習が厳しくなっていきました。私は週7日休みなしの練習をこなすのに精いっぱいで、海外大学進学の準備を思うように進められなくなりました。

箕面高校ダンス部の引退は高3の5月です。アメリカのトップクラスの大学に行くためには、引退後にどれだけ英語の勉強を頑張ったとしても間に合わない。ダンスに打ち込みながら、そんな不安がいつも頭の片隅にありました。

全国大会の本番直前に組んだ円陣

アメリカの大学に行くのなら、ダンス部は続けられない。

それまで目を背けてきた現実と、このとき初めて向き合わざるを得なくなったのです。

高2になってからずっと、なんとなく頭に浮かんでいた「部活をやめる」という選択肢が現実味を帯びてきました。

私にとってダンス部は、青春そのものです。高校に入学してからの1年半、ダンス以上に大切なものは何もなかったと言い切れるほど、膨大な時間とエネルギーを注いできました。

ダンスを手放したら、自分には一体何が残るんだろう？　何も残らないんじゃないか？なんの取り柄もない人間になるんじゃないか？頭の中はそんな不安でいっぱいでした。

全国大会が終わってから辞めるのか、あるいは全国大会の前に辞めるのか。

選択肢がいくつかある中で、最初に相談したのは母です。部活の朝練に行くために毎日早起きをしてお弁当を作り、大会も欠かさず見にきてくれていた母は、どんなときも一番の応援者でした。

私の話を聞いて、少し残念そうな顔をしましたが、それでも私の意志を尊重してくれました。「全国大会には出てほしい」という母の言葉を聞いた私は、8月の全国大会まではダンス部をつづけると決めました。その代わり、必ず全国大会では優勝して、母に喜んでもらって終わろうと自分に誓いました。

ダンス部の顧問の先生も私の決断を尊重してくれました。それからは全国大会に出場するという夢に向かって、全力でダンス部に打ち込みました。

迎えた夏の全国大会当日。結果は約200校の参加校のうち第10位と、優勝には残念ながら届きませんでしたが、それでもチームメイトと人生で一番熱い夏を過ごせたことに感謝しかありませんでした。

「ここで辞めても悔いはない」そう思った私は、全国大会が終わった翌日、顧問の先生に改めて、辞める意志を伝えに行きました。ですが、いざ先生に話し出すと、これからへの不安で涙が溢れて止まりませんでした。

「つぼみが決めたことだったら僕はサポートするよ」という先生の言葉に、涙と鼻水で顔がぐちゃぐちゃになりながら「頑張ります」と答えたのを覚えています。

ダンス部の仲間には、アメリカの大学に行きたいということは言っていませんでした。アメリカの大学に合格できる自信がなく、話すことをためらっていたからです。

このときに初めて、「アメリカの大学に行きたいからダンス部を辞めることにした」とみんなに話しました。

友達や仲間から「頑張ってね」と多くの前向きな言葉をかけてもらい、嬉しさと同時に「もう後戻りできない。やるしかない」と、改めて背筋が伸びる思いがしました。

人生は取捨選択の連続です。やりたいことが山ほどあっても選べる道は一つ。自分が一番に叶えたいことを追い求めるには、それ以外の道を諦める勇気も大事だと学びました。

自分で選んだ道だからこそ、精一杯貫いてみよう。そんな熱い思いが湧き上がってきました。

引退を温かく見送ってくれた先生と仲間たち

第2章
合格を掴み取るまでの軌跡

アメリカ独特の入試システム

アメリカの入試システムは「総合人物評価」なので、一発勝負の試験で合否が決まることはありません。

その代わりに、以下の項目をもとに総合的に合否が判断されます（項目は大学によって若干異なる場合があります）。

・TOEFL iBT／IELTSスコア（英語四技能テスト）
・SAT／ACTスコア（アメリカ版センター試験）
・GPA（高校の成績）
・エッセイ
・推薦状
・面接
・課外活動歴
・受賞歴

TOEFL・iBT／IELTSと、SAT／ACTは日本国内で何度でも受験でき、その中からベストスコアを大学に送ります。

あくまでも総合評価なので、それらのスコアが低かったり、高校の成績が悪くても、課外活動やエッセイで光るものがあれば合格する可能性もあります。

GPAは、高校3年間の成績の提出が求められ、一部の大学では中学3年生時の成績が必要な場合もあります。トップレベルの大学に行くには、5段階評価で少なくとも平均4・5、できれば5（満点）近くは欲しいところです。

「こうすれば合格する」というような正攻法はアメリカの大学受験にはありません。

例えば、アメリカのトップ大学に合格した人の多くが「〇〇オリンピック金メダル」「△△全国大会優勝」「□□日本代表として世界大会に参加」などの華々しい経歴を持っています。

しかし、私はそのような経歴は持っていません。アメリカの名門大学に合格した私の後輩も、そんな経歴は一つも持っていませんでした。

ただ、彼女は高2からずっとその大学を第一志望にしていました。そのパッションや人間性がエッセイなどを通じて大学に伝わり、合格を勝ち取ったのだと思います。

「こうすれば合格する」という絶対解がないからこそ、今の自分がどんな状態であっても、とりあえずチャレンジしてみることが、まずは大事だと思います。

TOEFL iBT30点からのスタート

TOEFL iBTはReading・Listening・Speaking・Writingの四技能を測る英語の試験です。各セクション30点ずつの合計120点で構成されています。

アメリカのトップ大学の入学要件は100点ですが、帰国子女や留学経験者でない限り、100点を取るのは至難の技です。

英語が広く話されているフィリピンやインドでさえも、全受験者の平均点は90点前後と100点には達していません（2017年のデータ。Test and Score Data Summary for TOEFL iBT Tests 2005-17より）。

TOEFL iBTの難しさは、求められる英語レベルが高いだけでなく、瞬時に自分の意見を整理して、論理的にアウトプットする力が問われる点です。ただ語彙力や文法だけをテストするのではなく、英語をきちんと「運用」できるかという点に重きを置いた、実践力重視の試験なのです。

試験内容は以下のようなものです。

□Reading／54〜72分間

3〜4題（各約700語）の文章を読み、語彙や読解問題に答える。内容は歴史、生物学、美術史など多分野から出題され、専門性の高い語彙が多く含まれる。

□Listening／41〜57分間

2〜3題の日常会話と3〜4題の大学の講義の音声を聞いた後にその内容に基づく問題を解く。

□Speaking／17分間

Independent Task 1問 ＋ Integrated Tasks 3問

（Independent Task）その場で出された問題に対して、15秒間で解答を考え、45秒間話し続ける。

問題例（公式の Free Practece Test より引用）

「オンライン学習の方が、従来型の教室で学ぶ学習方法よりも効果的である。詳しく理由を述べながら、この主張に賛成か反対かを述べよ」

(Integrated Tasks) Reading や Listening から得た情報を20〜30秒間で整理し、60秒間で整理した内容を伝える。

□ **Writing**／50分間

Independent Task 1問 ＋ Integrated Task 1問

(Integrated Task) Reading と Listening から得た情報を20分間で約２００語に整理して書く。

(Independent Task) 問いに対して30分間で３００語以上で自分の意見を書く。

問題例（公式の Free Practece Test より引用）

「生徒にとっては、アイデアや概念を理解することの方が、事実を学ぶことよりも重要である。具体的な理由や例を踏まえて、この主張に賛成か反対かを述べよ」

チンプンカンプンのアメリカ版センター試験

アメリカの大学を受験するためには、TOEFL iBTスコアに加えて、SATのスコアも必要でした。

SATとは、一言でいうと日本におけるセンター試験のようなものです。数学と英文読解・文法・エッセイで構成されています。

私は京都、神戸、大阪で計5回受験しました。SATは国内で年5回ほど実施され、TOEFL iBTと同じように何度でも受験することができます。中には、高2で良いスコアを取って終わらせて、高3ではエッセイ等に注力する人もいます。その点では、失敗したら1年間浪人の日本の大学入試よりも、圧倒的にストレスが少ないといえます。

テスト当日は朝8時頃にスタートして、昼過ぎに終了し、回答はマークシート方式の4択問題がほとんどです。

SATの英文読解は、とにかく難問です。私は高2の9月にダンス部を辞めてからSATの対策を始めましたが、初めてSATの参考書を開いたとき、1文目から何が書いてあるのかさっぱり理解できませんでした。まさに「チンプンカンプン」です。

ＴＯＥＦＬは英語が第一言語ではない人用のテストですが、ＳＡＴはアメリカ人も受験する試験なので、問題を解くには彼らと同じ語彙力・読解力が必要となるのです。

はじめは、制限時間内に全体の半分も終えることができない自分に絶望しました。でも気を取り直し、まずは制限時間内に最後の問題までたどり着くことを目標に設定しました。

そのうちに、一語一句読んでいては読み終わらないことに気づき、半分近くを読み飛ばすようになりました。その後さらに試行錯誤を繰り返し、１ヵ月ほどかけてなんとか時間内に最後の問題まで辿り着けるようになったという感じです。

何度も繰り返し解いたSATの参考書

とはいえ最後まで辿り着いても、正答率は半分以下。答えが間違っていては良いスコアは取れません。

「こんな難しい問題、自分には解けない」

参考書を何度も投げ捨てたくなる気持ちを抑えながら、間違えた問題と向かい合い、「なぜこの選択肢が正解なのか」を確認し、問題の傾向を掴むようにしました。

最終的にSATの参考書は、1冊あたり5周以上は解きました。自力で解けた問題には×を付けて、全ての問題に×が付くまで何周も繰り返しました。

一朝一夕でスコアが伸びることはまずありません。結果が出ないときや、見通しが真っ暗なときでも、目の前のことに取り組み続ける辛抱強さを、この時期に身に付けたのだと思います。

一方で数学は、高校数学で赤点ギリギリを連発していた私が「え？　こんなに簡単でいいの？」というような容易さでした。

例えば、半径が与えられた円の面積を求めたり、10個の数字から平均値を出したりと、中学生レベルの問題が半分くらいありました。計算機が持ち込み可能で、公式は問題用紙に書かれてあるので、数学の専門用語さえ覚えれば日本人は満点を狙える内容です。

参考書の問題を解いていてどうしても分からないときは、草太先生に聞いたり、問題を和訳して数学の先生に解き方を教えてもらいました。

このときの数学の先生には、将棋チームでも引率としてお世話になり、大学出願時には推薦状も書いていただきました。推薦状の内容としては、苦手な数学も諦めずに、放課後に質問をしては、テストの点数を上げようと努力していたことや、将棋チームのキャプテンとしてメンバーを率いていたことなど、自分の強みや良さを多面的に書いてもらいました。

アメリカのトップクラスの大学に出願するのであれば、推薦状は最低でも3本は必要です。スクールカウンセラーから1本、教科担当の先生から2本です。

私の高校にはスクールカウンセラーがいなかったので、代わりに草太先生に書いてもらいました。あとの2本は1・2年生で担任だった英語科の先生と、この数学の先生にお願いしました。校外の課外活動でお世話になった方にも外部推薦状を書いていただきました。


このように海外大学の出願は、推薦状一つにしても学校の先生の協力なくしては前に進みません。そのためには、日頃から自分のことを応援してくれている先生たちとの関係性が何より大切になってきます。

人との関係は付け焼刃でつくることはできません。できる限り、推薦状は自分のことを誰よりも理解している先生に頼み、自分の人間像をイメージできる内容にしたいものです。

「英語で推薦状を書いたことがない」という先生たちには、洋書ではありますが、推薦状の書き方を解説した本もオンラインで販売されています。

必要となれば、まずは手にとっていただき、表現や構成など参考にしていただければと思います。

孤独と向き合う時間

高2の9月にダンス部を辞めてからというもの、授業を終えるとそのまま自習室に直行し、学校が閉まる7時まで毎日TOEFLやSATの参考書と格闘していました。

そのまま帰宅する日もあれば、集中したいと思ったときは家に帰らずに、近所のファストフード店で深夜0時近くまで勉強することもありました。

アメリカの大学への出願が全て終わる高3の1月まで、ほぼ毎日こういったスケジュールで過ごしたと思います。

勉強に対するモチベーションが高かったというより、とにかく焦りとプレッシャーで毎日机に向かっていたという感じでした。オーストラリアの大学を目指す同級生は何人かいましたが、SATのスコアやエッセイの提出が必要なアメリカの大学を受けるのは私だけ。それは想像以上に孤独な日々でした。

週7日のダンス部を辞めて、英語の勉強に思いっきり打ち込めるようになったものの、心の中は常に不安でいっぱいでした。

「このまま勉強しつづけて本当に海外の大学に行けるのか」

「ダンス部を辞めた決断は正しかったのか」

そんな疑問を必死にかき消しながら、「海外の大学に行くと周りに宣言したからにはもう引き返せない。本気で頑張るしか自分には道は残っていない」と無理やりに自分を奮い立たせる毎日でした。

放課後に自習室で勉強をしていると、ダンス部が練習している音楽や楽しそうな笑い声が聞こえてきます。

「自分もあそこにいるはずだったのに」

「どうして私は1人でいるんだろう」

そう思うと涙が止まらなくなることも日常茶飯事でした。

洋書の参考書は紙質が悪く、ページに落ちた涙を拭こうして、穴をあけてしまったこともあります。泣いている姿を誰にも見られたくなかったので、いつも廊下とは反対側の窓際の席を選んで勉強するようにしていました。

この孤独感もいつかは慣れるのかな？　と思っていたのですが、結局最後まで慣れることはありませんでした。

「先生なんてもう嫌い！」

孤独と不安にどうしても耐えられなくなったときは、自習室の下にある校長室に行きました。

「ちょっとエッセイを見てください」「将棋、指しましょう」と口実を作っては顔を出し、日野田先生と話しました。

先生は仕事が忙しいときでも嫌な顔一つせず、いきなりやってきた私の愚痴や不安に耳を傾けてくれました。高3になってからは何かと理由を付けて、ほぼ毎日校長室に通っていたと思います。

少し話してスッキリすることもあれば、1時間以上話を聞いてもらう日もあり、時には受験に対する焦りや不安から、「先生なんてもう嫌い！」「何で分かってくれないんですか！」と八つ当たりをすることもありました。

親身にサポートしてくれる人に対する言葉ではなかったと、今は反省しています。そんな私の無礼な態度も、不安な気持ちの裏返しと理解して、いつも向き合ってくれた先生には、感謝しかありません。

どんなに落ち込んでいても、校長室を出るときには「もう少しだけ頑張ってみよう」と思えました。

高2の2学期は、目に見えてスコアが上がることもなく、とにかく我慢の時期でした。それでもペースを崩さずに、毎日勉強を続けて迎えた翌年の1月、初めて受検したSATで、予想を大きく上回る好成績を取り、ようやく努力が目に見え始めました。

最初はチンプンカンプンで投げ出したくなったSATも、受験する度にスコアが上がっていき、「できない」というのは自分の思い込みに過ぎなかったのだと実感しました。

思わぬきっかけで立ち上げにかかわった
将棋チームで大会に出場

進学後にウェズリアン大を訪ねてくれた
恩師・日野田先生と共に

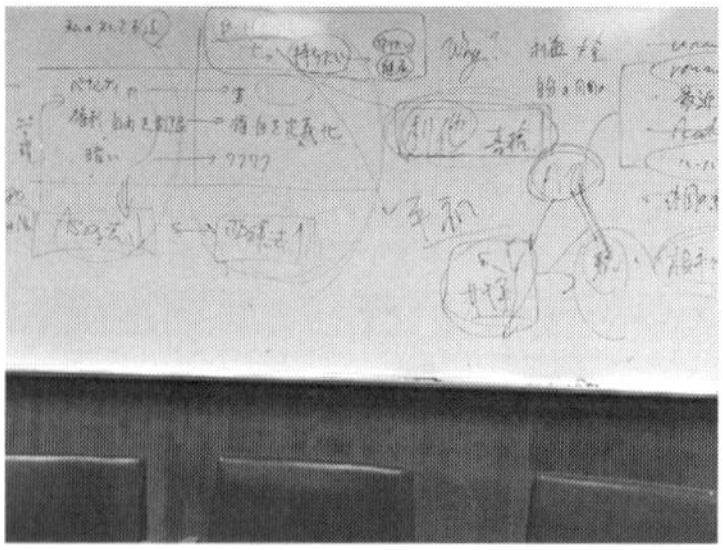

校長室にあったホワイトボードは
議論を深めるためのツール

ずっと50点台で伸び悩んでいたTOEFLでしたが、高3になる直前の3月の受験では、79点というスコアが出て、少しずつ自信が出てきたのもこの頃です。

大学受験の勉強は確かに大変でしたが、大学での勉強はそれ以上に過酷です。

それでもなんとか乗り越えられているのは、このときの経験があったからだと思います。

対話で深めるエッセイ指導

大学に進学してから、高校の同級生に「高3のときのつぼみは、死んだ魚のような目をしていた」と言われて思わず苦笑したことがあります。

もし「アメリカの大学受験で最も苦労したことは何ですか」と聞かれたら、試験対策や学校の成績を保つことではなく、迷わず「エッセイ」と答えます。

アメリカの大学に提出するエッセイで何を聞かれているのかというと、

「あなたは困難に直面したときにどのように乗り越え、そこから何を学んだのか」

「あなた自身のバックグランドやアイデンティティにまつわるストーリーを書きなさい」

というようなことです。

要は日本の小論文試験とは違い、「Who are you?（あなたは何者か）」が問われるのです。

中には

「あなた自身を表現する単語5つは何ですか」

「ある歴史的な瞬間に立ち会えるなら、どの瞬間に立ち会いたいですか」

といったユニークな質問を用意している大学や、

「リベラルアーツ教育はあなたにとってどんな実践的な意義がありますか」

「将来どのように自分の国や世界に貢献したいですか」というように、一筋縄ではいかない質問を用意している大学もあります。

SATやTOEFLの問題は、分からなければ解答を見ることができます。ですが、エッセイには決まった正解がありません。

何を書くかは自分の心の中から見つける。いつも答えがある問題を解く教育を受けてきた私にとって、それは想像以上の難しさでした。

ありとあらゆる知識をインターネットで得られる今の時代、答えのない問いに対して、自分なりの解を創造し、他人に伝えることができる人材を育成することが、21世紀の教育の最大のテーマだと私は考えています。エッセイを書く行為には、その本質が凝縮されていると思います。

まずエッセイを書くにあたって、参考にしたのは市販のエッセイ集でした。アメリカのトップ大学に合格した人のエッセイ集はオンラインで購入できるので、アメリカの大学を目指す人や、その指導を担当されている先生は、1冊は持っていて損はありません。日野田先生も校長室に2冊ほど置いていました。

高3の8月に各大学からエッセイの質問が発表されるので、そこからエッセイを書き始めます。書き上げたエッセイは、草太先生と日野田先生に読んでもらいました。草太先生は明瞭さと論理性、日野田先生はどれだけ自分について深く考えたかという哲学を重視した視点から、厳しいフィードバックを毎回いただき、書き直しました。

エッセイに答えがないように、エッセイの指導方法にも解はありません。大切なのは、様々な人から幅広い意見を聞き、その中でしっくりくる意見を取り入れ、自分が納得できるエッセイを仕上げることだと私は思います。

先生2人だけではなく、海外進学説明会やサマーキャンプ等で出会ったアメリカの大学に在籍している数名の日本人学生にも、フィードバックを求めました。

日野田先生と草太先生には、それぞれ違う視点でいつも指導していただきましたが、共通していたことがあります。それが「対話」です。
2人とも「なぜそのときにそう思ったのか」「なぜそのような行動を取ったのか」と何度も根気強く問い続けてくれました。

例えば、
先生「なぜダンス部の選抜試験に落ちたときに悔しかったの？」
私　「他の人には負けたくなかったから」
先生「なぜ他の人に負けたくないの？」
私　「いつも一番でいたいから」
先生「なぜ一番でいたいの？」
という風に対話が進んでいきます。
先生は質問をするだけで解は知りません。ただ問い続けることで、私の中に眠っている解を掘り起こすのです。
こういった1対1の対話を通じて、自分では気づかなかった自分の強みや弱み、こだわりや大切にしている価値観が見えてきました。高3の8月から翌年1月まで、毎日このような対話をしては、エッセイを書き直す日々を過ごしました。

この頃の朝の日課は、職員室の前で草太先生を待ち伏せすることでした。「おはようございます」と挨拶すると同時に、すかさず家で書き直してきたエッセイを手渡します。そして昼休みや放課後に対話を通じて内容を深め、家で書き直して、翌朝また持っていく。毎日がその繰り返しでした。草太先生には本当によく付き合っていただきました。

「Who are you?」と自分に問いつづけて

日本の国立大学への出願は前期・後期1校ずつと決まっていますが、アメリカでは出願校数に制限がありません。日本の大学の受験料は1校あたり2~3万円前後ですが、アメリカの大学は4000~5000円程度です。

またアメリカの大学入試に、紙の願書はありません。基本的にコモン・アプリケーションというオンラインの出願システムを通じて書類を提出するので、出願校が増えても再入力する必要はなく、クリックひとつで各校に出願できます。

成績も推薦状もエッセイも、コモン・アプリケーションから提出できます。そのため、5~8校は出願するのが平均的です。「全部落ちる」という最悪のシナリオもあり得ると思っていた私は、それだけは避けたいと思い、とにかく1校でも多く出すことにしました。

最終的には、17校のアメリカの大学に出願をしました。

各校独自に課されるエッセイがあるため、出願校数が多くなるにつれてエッセイも増えていき、気がつくと20本のエッセイを書かなければいけない状況になっていました。書き直しは1本のエッセイにつき10回程度。多いものは40回を超えます。

毎晩リビングのパソコンに向かってエッセイを書きながら、キーボードに頭を伏せて寝落ちしては気がついたら朝になっている……そんなことを繰り返していたので、ベッドで寝ない日の方が多かったと思います。

不規則な生活で、体重が3ヵ月で5キロ落ちました（その後、大学1年目で5キロ太ったので、プラスマイナスはゼロになりましたが……）。

全大学に共通で提出したエッセイでは、高2の秋に参加し、特別賞を受賞したプレゼンテーション大会「ディスカバリー大賞」でのエピソードを使いました。最初に書いた内容は

「たくさんリサーチをして、一生懸命にプレゼンを作ったら入賞できました！」というキラキラしたサクセスストーリーです。

しかし、エッセイ集などで実際にトップ大学に受かった人たちのエッセイを改めて読み直してみると、表面的なサクセスストーリーよりも、自分の弱みや苦しみをさらけ出したエッセイの方が、心を動かされることに気づきました。そこでプレゼンコンテストというトピックは変えずに、話の流れを大幅に変えて書き直すことにしました。

そのときにフォーカスしたのは、「このコンテストを通じて、どのように自分が変わったか」です。

少しエッセイを書く手を止めて、自分自身を見つめ直す時間をとってみると、コンテスト前の私はプライドが高く、批判的な意見は耳にも入れず、極端に人に否定されるのを恐れる人間だったということに気づきました。

当時の私は、1ヵ月がかりでプレゼンを作り上げて、締め切りの3日前に自信満々で草太先生と日野田先生に持って行きました。

すると、

「プレゼンとして全く面白くない」

「こんなプレゼンなら誰でもつくれる」

と思わぬフィードバックをもらったのです。

渾身のプレゼンを「全部変えたほうがいい」と言われてショックを受けた私は、そのまま家に帰り、ベッドに突っ伏して泣きました。

ここまで回想したときに、ふと「なぜこんなに泣いていたんだろう」と考えました。もしかすると人から批判的な意見をもらう機会がなかったからではないか。いや、批判的な意見はもらっていたのかもしれない。でもプライドが高いせいで、それらを全部聞き流していただけではないのか。

そういった自分の愚かな部分が、エッセイを書き直す過程で見えてきました。

結局、コンテストの応募締め切りまで時間がなかったので、先生たちからいただいたアドバイスを素直に受け入れ、徹夜でコンテンツの総入れ替えをしました。

翌日に再び草太先生と日野田先生に見ていただき、さらに細かな修正を入れて、なんとか締め切りに間に合わせることができ、嬉しいことに特別賞という結果もついてきました。

この経験を通して、それまで積み上げてきた過剰なプライドを打ち壊し、人からのアドバイスを素直に受け入れる大切さを、私は学んだのだと思います。こういった内容にエッセイの中身を変えて、自分の愚かで恥ずかしい部分も含めて再度書き上げました。

「なぜ」「なぜ」と、自分自身や先生と対話を繰り返し、練り上げたことで圧倒的に「私らしさ」が伝わる仕上がりになりました。

このエッセイが書けたからこそ、今の大学からも合格通知を受け取ることができたと思っています。

自分の人生で目を背けてきた部分、あまり語っていない部分を敢えて深堀りする作業は、勇気のいる作業ですが、そのような部分にこそ、「Who are you?」の答えが眠っていると思います。

ディスカバリー大賞で特別賞を受賞

特別賞を勝ち取った、軌道エレベーターに関するプレゼンテーション

人生の決断に迷ったときや、自分が何をやっているのか分からなくなったときは、いつも「Who are you?」と自分自身に問いかけ、自分はそもそも何者で、何がしたいのかを振り返るようにしています。

足りないスコアで出願

30点台からスタートしたTOEFLでしたが、高3に進級した時点で79点まで上がりました。それが高3の2学期になると、88点でピタっと止まってしまいました。

今通っているウェズリアン大学も含めて、私が目指していた大学はどこも100点が出願の必須条件です。80点台でアメリカのトップ大学に受かった人の話を聞いたことがありませんでした。

足りない点数をなんとかしようと、何度もTOEFLを受験しましたが、結局はスコアが伸びず、泣く泣く88点での出願となりました。

全ての出願を終えたのは年明けになってからです。やりきった気持ちよりも、もっと早く英語の勉強を始めておけばよかったという後悔の念でいっぱいでした。

それでも、アメリカの大学はテストスコアだけを見ているわけではないことを知っていたので、ＧＰＡや課外活動を評価してくれることをひたすら祈りながら、毎日を過ごしました。

３０００万円の学費どうする!?

アメリカのトップ大学の学費はとにかく高いことで有名です。

私立大学の場合、授業料だけで年間５万５０００ドル前後（約６００万円）、公立の州立大学は、留学生の場合は年間４万ドル前後（約４４０万円）です。これに加えて、寮費や食費が年間１万～１万５０００ドル（約１１０万円～１７０万円）かかります。

日本の国公立大学の授業料は年間50万円、私立大学は70～１００万円。いかにアメリカの大学に通うのは経済的負担が大きいかがよく分かります。

私の通うウェズリアン大学は、授業料として年間５万５０００ドル（約６００万円）、寮費・食費・保険料として年間１万５０００ドル（約１７０万円）、合計で年間７万ドル（約７７０万円）、4年間で28万ドル（約３０００万円）が必要です。

幸いなことに、私は返済不要の奨学金で全額カバーしていただいていますが、奨学金なしではとても払える金額ではありません。

また近年のアメリカでは学費の上昇が大きな問題になっていて、上昇率は過去10年間で3%前後となっています。私の大学も昨年1年間で学費が2000ドル（約22万円）上がり、今も毎年上がり続けています。一方で学費が高い分、各大学が用意している返済不要の奨学金制度が充実しています。

日本では返済する必要のある奨学金（＝ローン）が中心ですが、アメリカの大学には返済不要の奨学金が多く用意されているのです。

アメリカの大学が支給する奨学金は、家庭の経済状況に応じて給付される奨学金「ニード・ベース」と、出願者の実績や学力への評価として給付される「メリット・ベース」の2種類があります。

奨学金の支給額は合格通知と一緒に通達されるので、出願者は奨学金の額も踏まえて最終的な進学先を決めることができるのも、アメリカの入試システムの特徴です。

申請額を満額支給される場合もあれば、申請額よりも少ない場合もあり、大学と交渉すれば奨学金が増える可能性もあります。

「あと△△ドル出してくれたらあなたの大学に行けるのだが、今の支給額のままなら別の○

○大学に行く」というような交渉術で、実際に奨学金の増額に成功した日本人の話をいくつか聞いたことがあります。

ただし、合格後に奨学金を申請することはできないので、奨学金が必要な場合は、出願時に合わせて申請を行なわなくてはいけません。

「君はもっと上を目指しなさい」

お金に関しては率直に両親と話し合い、最終的には「日本の私立大学に一人暮らしで通うのと同じ金額までなら出すが、それ以上は一切出さない。ローンも組まない」という約束をしました。

私はこの条件を考慮しながら、高3の1学期から出願する大学を選び始めました。つまり、どんなにトップクラスの大学に合格したとしても、奨学金を貰えなければ進学することはできないという状況です。そこで、あえてランクの低い大学を目指して、他の受験生との競争を優位に進め、多額の奨学金付きでの合格を狙おうと考えました。

SATでもTOEFLでも思うようなスコアが取れず、「やはりトップレベルの大学（全米ランキングで30位以内）は難しいんじゃないか」と思い始めていた時期でもありました。私は70〜100位台の大学を中心にリストアップを始めました。

迎えた高3の夏休み、出願したい大学を10校ほどに絞り込んだ私は、日野田先生にリストを見せにいきました。

静かに目を通した日野田先生は、私に向かって言いました。

「こんなレベルの大学に行かせるために、僕は君を指導してきたわけじゃない」

この日、本気で日野田先生に怒られました。

高校3年間で後にも先にも、本気で怒られたのはこのときだけです。

先生は言いました。

「君はもっと上を目指しなさい」

そう言われて、改めてリストを眺めてみると、そこには合格率の高さと合格者のテストスコアの低さだけを考慮して選んだ大学がずらりと並んでいました。「本当にこの大学に行きたいの？」と聞かれても、イエスと言える大学はありません。

たとえ合格しても、自分が行きたい大学でなければ、アメリカに行く意味はない。先生の言葉を聞いて、そんな当たり前のことを見失っていた自分に気づきました。

これではだめだ。そう思った私は、お金のことを考えるのをやめることにしました。

学費は一切気にせず、合格率や合格者のテストスコアも一切見ず、自分が興味のある大学に出願する。奨学金が足りなければ大学と直談判するなり、受かってから何とかすればいい。テストスコアも、あと数ヵ月で伸びるかもしれない。

そう思った瞬間、全ての大学が自分の選択肢に変わりました。


一般的に海外の大学に出願するときは、合格する可能性が低い「ドリーム校」、五分五分の「実力校」、滑り止めの「安全校」の3つのカテゴリーから、それぞれ2～3校ずつ出願するものです。当時の私は、高3の11月の時点でオーストラリアの大学から合格をもらっていました。

中途半端なレベルのアメリカの大学に行くなら、オーストラリアの大学に行こう。そう思った私は、安全校は一つも出さず、最終的な出願校は8割以上がドリーム校という強気なセレクションに一気に変えました。

「受からないんじゃないか」「受かっても奨学金が出ないかもしれない」という不安はもちろんありました。それでも、奨学金付きで合格する可能性に賭けることに決めたのです。

「君はもっと上を目指しなさい」

このときの先生の言葉は、今でも、次のステップに進むために背中を常に押し続けてくれています。

街なかのカフェで面接

多くのアメリカの大学の出願締め切りは、1月1日です。私は大晦日もエッセイに追われながら、ギリギリで出願書類の提出を間に合わせました。出願が終わると、次に面接の案内が2月頃から届くようになります。

面接は日本にいる卒業生が行う場合が多いので、わざわざアメリカに行く必要はありません。アメリカにいる入試審査官との面接の場合はオンラインで行なわれました。

私が経験したアメリカの大学の面接は合計6回で、オンラインで2回、対面で4回です。大阪に住んでいたので、対面の場合は1校を除いて、関西での面接でした。日本人の面接官であっても、会話は英語です。

よく聞かれる質問は「なぜこの大学なのか」「この大学にどうやって貢献をしようと思っているのか」の2つです。

それ以外の質問は面接官によってバラバラで、中には「Tell me about yourself（あなたのことを教えて）」というザックリとした質問から始める面接官もいました。

一部の大学は、会議室などを借りて日本式のフォーマルな面接を行うようですが、私が最初に受けた面接の場所は、ＪＲ大阪駅のスターバックスコーヒーです。まるで友達とコーヒーを飲みながら話すような、カジュアルな雰囲気の面接でした。

今だから言えるのですが、英語のリスニングが苦手だった私は、このとき半分ほどしか面接官の言っていることを理解できていませんでした。あたかも理解しているかのように相槌を打って、なんとか乗り切っている状態でした。

英会話の経験がほとんどなかったこともあり、事前に想定される質問をリストアップし、それぞれに対する答えを作って暗記していました。面接の準備だけでノートを3冊使い切り、きちんと自分の言葉で伝えられるように何度もリハーサルをしてから、毎回面接に臨みました。

面接自体は30分~1時間程度ですが、最後の10分程度は学生から面接官に自由に質問ができます。

このときは「大学が私を選ぶのではなく、私が大学を選ぶのだ」という心持ちで質問をしました。こういったアメリカの大学の面接では、面接をする・される人の垣根を感じることなく、対等な関係で話すことができたように思います。

大学側の面接は基本的に1回です。終わった後、どういう生徒だったかを面接官が簡単なレポートを書いて大学に提出し、それも踏まえて大学が合否を判断します。

2月から3月にかけては、奨学金の申請、面接、出願した大学から追加で課されたエッセイをこなしながら、日本の大学受験の勉強に取り組みました。

面接恐怖症

海外大学進学者に奨学金を提供する国内財団は、近年増加傾向にあり、以前よりも海外大学を目指しやすい環境になっています。この章の最後に、返済不要の奨学金のリストを記載したので、参考にしていただければと思います。

国内の財団が提供する奨学金の応募には、アメリカの大学に行きたい理由を書く日本語のエッセイや面接、学校の先生からの推薦状などが必要です。大学への出願はオンライン上で簡単に済ませることができましたが、国内の奨学金はそれぞれ応募フォームが異なり、中には手書きの場合もあるため、想像以上に時間がかかりました。

特に高3の2学期は、多くの奨学金が選考を行う期間にあたり、テスト対策、エッセイの執筆、学校の勉強にも追われて殺人的なスケジュールでした。

面接のために何度も東京に行く必要があり、交通費の負担も重くのしかかってきました。

5つ以上の奨学金に応募したものの、書類審査さえ通らないことが続き、私は次第に自信を失っていきました。たとえ書類選考に通って、面接にたどり着いたとしても、アメリカ型のカジュアルな面接とは違う、日本型のフォーマルな面接がとにかく苦手でした。

詰問されたり、自分の言ったことを否定されて、泣きそうになるのを必死で堪えているうちに、少しずつ面接恐怖症になっていきました。

あらゆる奨学金の選考に落ち続けた私が、最後に応募したのが、柳井正財団海外奨学金です。

柳井正財団は、「ユニクロ」で有名なファーストリテイリングの代表取締役会長兼社長の柳井正氏の個人財団です。米国（現在は英国も対象）の最難関大学に進学する日本人約20名を毎年採用し、1人あたり年間7万ドル（約770万円）の返済不要の奨学金を4年間支給するといった内容でした。

私の学年から創設されたばかりの新しい奨学金で、この採用人数と支給額は、国内でも群を抜いた規模です。たまたまインターネット検索で見つけたときは、あまりの支援額の大きさに「この内容は本当なんだろうか」と何度も読み返したくらいでした。

「どうせまた落ちるだろう」と早々に諦めムードでいっぱいでしたが、応募できる奨学金は全て応募すると決めていたので、とりあえず応募することにしました。

その後、なんとか書類審査に通ったものの、重度の面接恐怖症だった私は、一次面接の前日に校長室に向かい、「面接に行きたくない」と日野田先生に訴えました。実は、このときすでに選考事務局宛に面接辞退のメールの下書きを書いていたほどでした。

当然、日野田先生からは「なぜ行かないんだ」と返されます。

「行きたくない」「行け」「行きたくない」「行け」という押し問答を1時間くらい続けました。

そうやってごねてみたものの、すでに東京行きの航空券は持っていました。「行って失うものはない」という先生の言葉に渋々とうなずき、校長室を後にしたのですが、今さらながら、なんとくだらないやり取りに付き合わせてしまったのだろうと申し訳なく思います。

迎えた面接の当日、控え室には英語を流暢に話している人や、すでにトップ大学から合格をもらったと話す人もいました。

英語もろくに話せない地方の公立高校に通う自分がなぜここにいるんだろう。完全に場違いな空気をひしひしと感じながら、静かに呼ばれるのを待っていました。

そこへ追い打ちをかけるように、やらかしてしまったことがありました。

目の前に座っていた女の子が言った「Pee に行ってくる（ちょっとトイレに行ってくる）」の「Pee」を「Tea」と聞き間違えてしまい、卓上にあったペットボトルのお茶を飲みたいものだと思い込んで、紙コップを彼女に差し出すという失態をしてしまったのです。

隣に座っていた候補者からのフォローで、ようやく自分のミスに気づいた私は、呼ばれるまでの大事な時間を「今すぐ大阪に帰りたい」と気まずい雰囲気の中で過ごしました。

そんなこともあり、気の滅入ったまま向かった一次面接でしたが、いざ始まってみると想像以上に楽しかったのです。それまでに受けてきた面接は「早くこの場から出たい」という気持ちでいっぱいになったのが、このときは「まだまだ話したい」と思うほどでした。「もし落ちたとしても、面接に来てよかった」そう思えるほど自分のことをイキイキと表現できたのは、まさにこれまでの集大成だったと思います。エッセイを書いた経験やいろんな人と面接した経験など、全てを生かしきれた瞬間でした。

苦手なものから逃げるのは誰でもできます。「面接が嫌だから行かない」と逃げることもとても簡単です。たとえ苦手であっても挑戦し続けると、新しい道は拓けていくものなのだ。心からそう思えた1日でした。

無事に一次面接を通過した私は、翌週の柳井さんとの最終面接にも自信を持って臨みました。

その面接を終えた3時間後、羽田空港から大阪に帰る飛行機が離陸する直前のことです。スマホの電源を切ろうとした瞬間に、選考事務局からのメールが届きました。

結果は「合格」。

1時間弱のフライトの間、早く両親や先生に伝えたくて、そわそわしっぱなしだったことを覚えています。

いま私が属している柳井正財団奨学生のコミュニティには、あらゆる分野に興味・関心を持っている奨学生が集まっていて、常に刺激をもらっています。現在、奨学生は1~3期生合わせて約100名となり、毎年どんどん増えています。

このコミュニティには奨学生だけでなく、海外経験がある社会人メンターの方々も参加しており、教育、金融、コンサルなど様々な方面で活躍している方や大学院に通っている方もいて、キャリアの相談にも乗っていただくこともあります。

こういった人たちと繋がり、切磋琢磨しながら未来の自分を描ける環境は、学費のサポート以上に大きな恵みだと思います。

第一志望からの結果通知

3月に入って、出願した大学からの合否結果が続々と届きました。

最終的には出願したアメリカの大学17校のうち、世界最難関大学と呼ばれるミネルバ大学を含む6校に合格。全落ちという最悪のシナリオを避けることができ、ほっとしていました。続々と届く合否結果の中、第一志望のウェズリアン大学からは「Waiting list（ウェイティングリスト）」という結果を受け取りました。

アメリカの大学の合否結果には、合格でも不合格でもないウェイティングリストがあります。これはいわゆる補欠合格待ちリストという意味です。ある合格者が他の大学への進学を選んだ場合、ウェイティングリストに載っている受験生から繰り上がり合格者が選出されるのです。

とはいえ、ウェイティングリストから合格する可能性は高くはありません。ウェズリアン大学の場合、私が出願した年にウェイティングリストから合格した割合は8・7%でした（大学開示資料より）。

半ば悲観的になっていた私に、日野田先生は「ここからが勝負。ウェイティングリストは不合格じゃない。アメリカの大学はあなたがどれだけその大学に行きたいかというパッション（熱意）を見ているんだよ」と言いました。

その言葉を聞いて「そうか、自分のことをさらに知ってもらうチャンスができたんだ」と私は前向きに捉え直しました。

「ポストカードやエッセイを送ってみたら？」という日野田先生のアドバイスで、私はその日から大学へポストカードやエッセイを毎週送り始めました。

高校卒業後から渡米するまでの約3ヵ月間、少しでも大学という環境に慣れた状態でアメリカに行きたいと思った私は、日本の国立大学に通いました。アメリカの大学に進学した周りの同級生の半分近くが、日本の大学に数ヵ月間だけ通っていました。

ウェズリアン大学に日々送り続けたポストカードには、そういった日本の大学で取り組んでいる勉学や課外活動のことなど、自分自身に関するアップデート（最新情報）を書きました。

エッセイには、なぜウェズリアンに行きたいのか、どうやって大学に貢献できると思うのか、入学したら何をしたいかなど、自分でテーマを設定して書きました。もう高校は卒業していたので草太先生には頼らず、自分でこつこつと書いては送り、ウェイティングリストから合格した日本人の先輩に相談に乗ってもらうこともありました。

ウェイティングリストの期限は6月末ごろです。それまでに大学から連絡がなければ不合格が決定となります。

4月から5月にかけて、日本の大学に通いながら、毎週ラブレターのようにアメリカにポストカードとエッセイを送り続けました。

しかし大学からはこれといってレスポンスは何もなく、6月に入る頃にはほとんど諦めかけていました。

突然の面接からの逆転劇

6月初めのことです。「今すぐ面接をしたい」というメールがウェズリアン大学の入学試験官から突然届きました。

「合格するかもしれない」という期待感と、「この面接で失敗したらもうチャンスはない」というプレッシャーをひしひしと感じつつ、その4日後、急遽スカイプで30分程度の面接を受けることになりました。

このときには「なぜウェズリアンに行きたいのか」という一般的な質問のほかにも、トランプ大統領の印象などを聞かれました。

面接直後の感想は「あー落ちたなー」です。相手の質問も聞き取れない部分が多く、「インターネットの接続が悪いのでもう1回言ってもらっていいですか」と誤魔化しつつ、なんとか切り抜けましたが、自分の言いたいことはうまく伝えられませんでした。

翌朝、いつものように朝食を食べながらスマホを立ち上げたときのことです。ロック画面に「Congratulations!」の文字が並んでいるのが見えました。

震える手でそっとメールを開くと、夢にまで見たウェズリアン大学からの合格通知が目に飛び込んできました。

私はとにかく信じられず、驚きのあまり嬉し涙も出ないまま、1人で何度もメールを読み返してしまいました。

「一番お世話になった人たちに今すぐ伝えなければ」

そう思った私は急いで朝ごはんを口にかきこみ、合格通知を印刷して自転車に飛び乗って、全速力で箕面高校に向かいました。

その日、高校ではちょうど体育祭が行われていました。私は生徒や保護者、卒業生でごった返す中をかき分け、朝礼台前のテントへまっすぐに向かいました。そこに日野田先生がいると思ったからです。テントの後ろから競技を見ていた日野田先生に「先生!!」と叫びました。

振り向いた日野田先生に、私は印刷してきた合格通知を見せました。驚きと嬉しさが混じって泣きそうになった、このときの日野田先生の顔を忘れられません。そしてグラウンドのどこかにいる草太先生を探しに行きました。姿を見つけた私は、「草太先生！」と呼びながら握りしめていた合格通知をしっかりと見せました。草太先生からは「よく頑張ったね」という言葉をいただき、一緒に喜び合いました。さらに推薦状を書いてもらった他の先生たちに感謝の気持ちを伝えに、グラウンドを回りました。たくさんの人に支えられながら掴んだ合格通知が、私の手の中にありました。

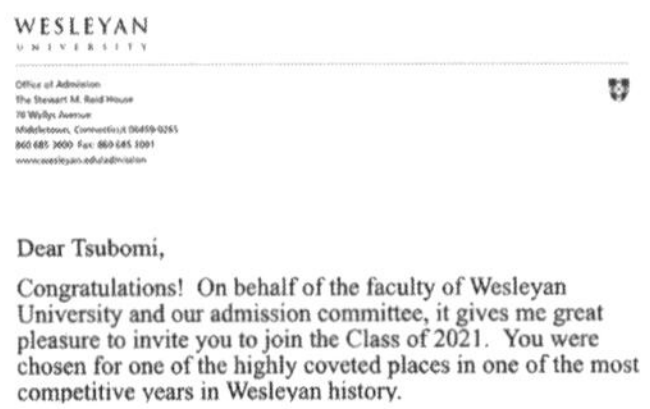
WESLEYAN
UNIVERSITY

Office of Admission
The Stewart M. Reid House
70 Wyllys Avenue
Middletown, Connecticut 06459-0265
860 685 3000 Fax: 860 685 3001

Dear Tsubomi,

Congratulations! On behalf of the faculty of Wesleyan University and our admission committee, it gives me great pleasure to invite you to join the Class of 2021. You were chosen for one of the highly coveted places in one of the most competitive years in Wesleyan history.

ウェズリアン大学から届いた
合格通知のメール

あれから2年以上が経ち、お世話になった日野田先生、草太先生は箕面高校を去られました。その後箕面高校は随分変わったという話を後輩から聞きますが、嬉しいことは、海外の大学にチャレンジする文化は受け継がれていることです。

私が卒業した年は、アメリカ、オーストラリア、ドイツと、欧米諸国への進学のみでしたが、翌年からはマレーシアの大学に進学する後輩も出てきました。昨年度は、台湾の東大である国立台湾大学にも合格者を出しました。

現在は年に2回程度、海外の大学に進学した同級生と後輩に協力を仰ぎ、在校生のために母校で海外進学相談会を実施しています。

公立校において、先生の異動や転職は毎年あるものです。

「先生たちが教えてくれたマインドセットを、先生がいなくなっても自分たちで後輩に残していく」

海外の大学にチャレンジする文化は、これからも生徒主体で受け継いでいきたいと思って

感慨深く迎えた、高校の卒業式

英語をずっとサポートしてくれた
恩師・髙木草太先生と

箕面高校の視聴覚室で行った、海外進学相談会

います。

「できない理由」よりも「できる方法」を

「学費が高いから」という理由で、最初から海外大学進学を諦める人をこれまでたくさん見てきました。諦める前に、奨学金を片っ端から調べて、自分に該当する奨学金全てに応募してほしいと思います。奨学金審査に落ち続けた末に、最後に合格する私のような人間もいます。

また、「英語ができないから」という理由で海外大学進学を諦めるのも、同じくもったいないことです。一度でいいので思いっきり勉強してみて、それでもダメだったら別の道を模索すればいいのではないでしょうか。

「できない理由」よりも「できる方法」を探す方が、ワクワクしませんか。少なくとも、私はそう思っています。

なぜ私は合格したのか

ウェズリアン大学に入学後、私を面接した入学審査官になぜ私を選んだのか聞きました。するとㄧ「あなたは他の人とは違うPerspective（視点）を持っている」という返答でした。生まれてからずっと地方の公立校で学んで育ち、海外経験もなく、独自に英語を勉強して留学したという私のバックグラウンドは、ウェズリアン大学では唯一無二です。協調性を重視し、周りに合わせることを美徳とする日本において、「他の人と違う」ことは弱みや不安に感じてしまいがちです。

しかし、アメリカの大学の入試では、全体のダイバーシティを重視して合格者を選びます。ダイバーシティが重視される環境においては、マイノリティで、他人と違う経験を持ち、違う考えができるというのは、逆に強みなのです。典型的なアメリカの大学に来るタイプの学生ではなかったからこそ、私は合格させてもらえたのかもしれません。

こういった話はあくまでも私の推測なので、最終的に何が合格の決め手になったのかは誰にも分かりません。ウェイティングリスト中に送ったポストカードやエッセイが功を奏したのかもしれませんし、送らなくても合格していたかもしれません。

こうすれば合格するという正攻法がないアメリカの大学入試において、合格した理由を特定すること自体に意味がないとも言えます。

ただ言えることは、このアメリカの大学入試のプロセスが自分を大きく成長させてくれたということです。

結果が出ないときも、粘り強く努力する忍耐力、他人のアドバイスを素直に受け止める態度、周囲の人にサポートを求める勇気、それに対して心から感謝する姿勢、一旦やると決めたことは最後までやり通す心構え……これからの人生で役立つことをたくさん学びました。

また、エッセイや面接を通じて、「自分は何者なのか」「将来何をしたいのか」「どうやって社会に貢献できるのか」を考えることで、自分自身と初めて向き合うことができたと思います。

合格を掴み取るまでのプロセスは決して平坦な道のりではありませんでしたが、その経験が、大学入学後も次のステップに上がるための自信と勇気を、私に与えてくれました。

この合格は決して1人で掴んだものではありませんでした。両親、先生、友人、ここまで支えてくれた全ての人たちに、感謝しつくせない気持ちがいつも胸にあります。

日本の主な民間団体による給付型（返済不要）の奨学金（2020年1月現在）

※海外大学の学部課程へ進学する人向けの奨学金を記載していますが、特定の大学に限定した奨学金など、ここに載っていない奨学金もあるので、ぜひ最新情報を自分で調べてみてください。他にも、日本の大学に在籍している人が対象の奨学金や、海外の大学院へ進学を希望する人向けの奨学金もあります。

柳井正財団海外奨学金プログラム（https://www.yanaitadashi-foundation.or.jp/scholarship/）
◇米国の概ねトップ30に入る大学、および同等レベルの英国の大学対象
◇米国・英国合わせて年間20名程度
◇1名に対し年間US$70,000を上限として、授業料、寮費、保険料等、就学のために大学から請求される費用および生活支援金（上限US$15,000）を支給（※米国の場合）
◇大学卒業までの通算4年間支給（※米国の場合）

◇募集時期は毎年1月中旬から2月上旬
◇説明会等のイベント開催あり

孫正義育英財団 (https://masason-foundation.org/)
◇財団生40名（目安）を採用。毎年適宜の人数を採用予定
◇希望の財団生は財団生支援金に応募可能（審査を通過すると、支援金給付対象として採用される）
◇支援金は、給付対象となる内容に応じて合理的に必要と認められる金額を支給。奨学支援は学費及び生活費（海外留学の場合の留学費用を含む）

江副記念リクルート財団リクルートスカラシップ (https://www.recruit-foundation.org/scholarship/)
◇器楽・アート・スポーツ・学術部門ごとに奨学金を給付
◇募集部門によって給付額、対象大学、採用人数が異なる

グルー・バンクロフト基金 (http://grew-bancroft.or.jp/)
◇アメリカの大学への進学を支援
支援の一例：米国のリベラルアーツ・カレッジに進学する者2名に対し、毎年US$

50,000を4年間支給。ただし留学先大学が授業料（全額）を免除する場合は生活費としてUS$10,000を4年間支給、基金より志望校2校に推薦状を送付。その他にも、特定の大学への全額（あるいは一部）学費免除の推薦、リベラルアーツ・カレッジ以外への進学も対象の奨学金など、最大10名採用

◇応募は郵送。締め切りは9月上旬

船井情報科学振興財団奨学事業（https://www.funaifoundation.jp/scholarship/scholarship_summary.html）

◇日本の高校を卒業し、将来、科学・技術系分野を専攻することを目指して、海外の大学に学士の学位取得を目指して留学する人が対象

◇大学（学部）留学支援は年間US$30,000

◇募集1～2名

◇最長、学部留学の4年間支援

Kiyo Sakaguchi 奨学金（https://www.prudential.co.jp/company/philosophy/contribution/contribution05.html）

◇アメリカの大学・大学院にて数学科目の専攻を希望する日本在住の高校生もしくは大学生が対象

◇応用数学や保険数学など数学に関する学問に限る
◇大学もしくは大学院留学中の授業料に対し、年間300万円を上限として支給
◇給付期間は1年更新、最大4年間
◇奨学金の給付内容に生活費（寮費や食費）やテキスト代、ビザ取得に関わる費用、渡航費は含まれない
◇募集人数1〜2名
◇毎年8月末日締め切り（エントリーフォーム必着）

日本学生支援機構JASSO（https://www.jasso.go.jp/ryugaku/study_a/scholarship/gakubu/index.html）
◇海外の大学で学士号の取得する課程に直接進学する人が対象
◇支援期間は原則4年、採用人数45名（2019年度実績）
◇奨学金は月額5万9000〜11万円8000円を支給（留学先の国・地域により異なる）
◇授業料は年度250万円を上限とする実費額を支給

重田教育財団（https://s-ef.or.jp/scholarship/）
◇海外の大学又は大学院への入学が決定している人が対象

◇月額20万円（年額240万円）を給付
◇採用人数は、毎年度6名
◇給付期間は2年間。採用決定後9月より給付開始
◇募集は5月1日から6月30日（祝日の都合で前後あり）

第3章
アメリカでの大学生活

生活編

不安と期待でいっぱいの渡米

第一志望のウェズリアン大学から6月に合格通知を受け取った私は、ビザ手続きや予防接種などを済ませたのち、7月に渡米しました。

大学は8月末からでしたが、少し早めに渡米したのは、タフツ大学（アメリカ東海岸・ボストン）で1ヵ月半の語学スクールに通うためです。それまで英語で教育を受けた経験が一度もなかったので、大学が始まるまでに少しでも英語に慣れておきたいと思ったからです。

人生初の海外長期滞在に何を持って行ったらいいか分からず、出国前夜まで荷造りに追われ、折り紙やかつお節、インスタント味噌汁などスーツケースに詰めた記憶があります。

出国前日になっても自分がアメリカの大学に行くということが信じられず、長い夢を見ているような気分でした。

広大なウェズリアン大学のキャンパス。週末は他大学のチームとアメリカンフットボールや野球の試合がこのグラウンドで行われる

当日は、空港に後輩5人が見送りに駆けつけてくれたのが、たまらなく嬉しかったです。たくさんの人からのエールを胸に、私は搭乗ゲートに向かいました。その後13時間のフライトを経てボストンに到着。現地の天気はあいにくの雨。真夏にもかかわらず肌寒かったのを覚えています。

赤レンガの街並みや道を歩く人たち……人生の新しい章が始まるような気持ちで、目に入るもの全てが新鮮に映りました。

語学スクールには日本人学生もいましたが、できるだけ英語で話すように心がけて過ごし、8月中旬に無事修了。現地に来た両親と合流し、ウェズリアン大学に向かいました。緊張と不安と期待感が入り混じる、なんともいえない心持ちでした。

大学に入学式はなく、代わりに8月下旬から3日間程度の留学生向けのオリエンテーションが始まります。

このオリエンテーションは、様々なアクティビティを通じて留学生同士の繋がりを深め、上級生の留学生からは、アメリカで大学生活を送る上でのアドバイスがもらえます。

留学生のほとんどがインターナショナルスクール出身で、母国語のように英語を話すことに私は驚きました。1ヵ月半の語学スクールに行った程度では、何を言っているか分からず、伝えたいことも伝えられず、自分がまるで何も話せない赤ちゃんのように感じたことを覚えています。

大学の友人たちと記念写真

その後、アメリカ人の学生たちも入寮し、一気にキャンパスが賑やかになりました。3日間ほどの全新入生向けのオリエンテーションでは、各寮ごとに食事やアクティビティを共に過ごし、ルームメイトや隣人、寮長との仲を深めていきました。

衝撃だらけのオリエンテーション

大学に入学して最初のカルチャーショックは、オリエンテーション初日の自己紹介のときに、自分の名前と共にPronouns（プロナウンス）を言うことでした。Pronounsとは、HeやSheのような自分に対して使ってほしい代名詞のことです。

自分のジェンダー・アイデンティティ（性自認／自分の性をどのように自覚しているのか）を示す習慣に驚いた一方で、それ以上に驚いたのは、Pronounsは必ずしもHeかSheとは限らないということです。私の友達には、中性的なジェンダー・アイデンティティを持っていて、Theyを使ってほしいという人もいます。

それまで、男か女という2つの選択肢しか頭になかった私にとって、「男女の分類では自分を正確に表現できない」人がいることは、固定概念が崩れ去った衝撃的な出来事でした。少数派のジェンダー・アイデンティティを持つ人がいることは知っていましたが、日本で実際に出会う機会はありませんでした。

いえ、もしかすると出会っていたかもしれません。日本社会ではカミングアウトするのが難しいために、私が気づいていなかっただけかもしれないと今では思います。

もう一つ、オリエンテーションの中で印象に残っているのは、入学前に出された課題図書を元に、人種差別に対してグループディスカッションをしたことです。

そもそも差別とは何か、差別のないキャンパスをつくるにはどうすればよいのか。新1年生800名が30名程度ずつのグループに分かれて意見を出し合いました。ちなみにウェズリアン大学では学生の半分近くは非白人です。議論は大いに盛り上がり、自分が過去に受けた人種差別の経験を思い出して泣きながら意見を発表する人もいました。

アメリカで人種差別がいかに重要なテーマなのかを知る一方で、自分がこういった話題を議論することに全く慣れていないことに気づきました。

単一民族国家として語られがちな日本ですが、それはフィクションだと私は思っています。日本人と呼ばれる人たちの中にも、いろんな民族の人や、外国にルーツを持つ人がいて、彼らに対する差別が存在することも事実だと思うからです。

しかし、日本の学校で人種差別について話す機会は皆無に等しく、マスメディアに取り上げられることもほとんどなかったように思います。マイノリティの人達の存在も、彼らに対する人種差別の存在も、「どちらも存在しないように扱われている」という事実に、私は危機感を感じるようになりました。

「何一つ分かりませんでした」からのスタート

様々なカルチャーショックと発見に満ちたオリエンテーション期間はあっという間に過ぎ、その翌週から授業が始まりました。

入学後の初めてのクラスは東アジア学の授業で、テーマは戦後の社会変革に伴う日本のポップ・ミュージックの変遷です。授業はアメリカ人が3人、留学生4人（私以外はアメリカの高校やインターナショナルスクール出身）、合わせて7人という小さいものでした。

英語とはいえ自分の国の文化にまつわる内容です。難なくついていけるだろう。そんな風に高を括って私は教室へ向かいました。

それが大きな間違いだと気づいたのは、授業開始すぐのことでした。目の前を飛び交う会話の全てが、全く理解できなかったのです。

みんな英語で議論をすることに慣れていて、到底ついていくことのできないスピードと語彙の豊かさ、思考の深さで議論は進みます。授業がどんどん進むのに一度も手を挙げられず、一言も喋れず、私は最後までポカンと座っていました。

恥ずかしい。情けない。穴があれば入りたい。明らかに場違いだ。早くこの時間が終わってほしい。

1人でひたすら耐え続けた、長い長い80分間でした。

授業が終わるとすぐに、教授のところに行き、「授業が何一つ分かりませんでした。この授業の履修をやめようと思っています」と、つたない英語で涙ながらに伝えました。

カナダ人の教授は、私が話すのを黙って最後まで聞いていました。そしてこう言ったのです。

「留学経験が全くない状況からウェズリアンに合格できるポテンシャルがあるのなら、君ならきっと乗り越えられるよ。授業についていくのは大変だと思うけれど、オフィスアワー（学生が授業時間以外に教員の部屋を訪ね、自由に質問できる時間）で僕が全力でサポートする。だから安心して授業に参加してほしい」

その言葉を聞いた瞬間、悔し涙が嬉し涙に変わりました。

こんな素晴らしい教授がいる大学に自分は来たんだ。ホッとすると同時に、思いがけない温かな励ましの言葉に、自室に帰ってからも涙が止まりませんでした。

それからは授業が終わるたびに教授のオフィスに通い、授業の要点をもう一度説明してもらうのが私の日課になりました。

毎回何十ページも与えられるリーディングをどうこなしたらいいかも分からなかったので、次の授業までに重点的に読むべき箇所を教えてもらうこともありました。

ペーパー（論文）も、他の人よりも1週間早く書き始め、アイデア出しの段階から教授にフィードバックをもらい、少しずつ進めていくようにしました。

クラスメイトと自分を比べては劣等感を感じ、授業が始まった1週目に「日本に帰りたい」と母にメールをしたのを覚えています。日本では経験したことのない情けなさと恥ずかしさでいっぱいでした。

しかし悲観的になっていても埒《らち》が明かないことが分かってくると、「自分は彼らとは全く違う環境で育ったので、同じ土俵で比べても仕方がない」と少しずつ割り切れるようになりました。そして毎授業後の先生の手厚いサポートのもと、根気強く予習・復習を続けていくうちに、少しずつですが授業を理解できるようになり、ディスカッションにも徐々に参加できるようになっていきました。

初日こそ「何一つ分かりませんでした」からスタートした授業でしたが、最終的にはA＋

（最上位）の成績をもらうことができました。A＋は大学4年間を通じても、滅多に取ることができない最高クラスの評価で、クラスで一番の成績を修めても取れるとは限りません。

全ては高校時代に培った忍耐力と、教授の惜しみないサポートのおかげです。

授業で長渕剛のライブDVDを鑑賞

いきなり大きな挫折を味わった東アジア学の授業でしたが、このクラスで学んだ内容は実に興味深いものでした。

時代は戦後復興から始まり、高度経済成長期、安保闘争や学生運動、バブル経済とその崩壊、最後は東日本大震災と原発事故まで扱いました。

岡林信康、高田渡、加川良などの社会的なメッセージ性の強いフォークシンガーや、笠置シヅ子、美空ひばりといった歌謡スター、北島三郎などの演歌歌手、松田聖子やジャニーズ、AKBなどのアイドルの曲を、時系列で聴きました。それらの音楽を聴きながら、当時の経済・政治状況を学び、その音楽が生まれた時代的な背景を分析します。この授業を履修しなければ一生聴く機会がなかったであろう曲も多く扱いました。リーディングは『Japan as

Number One』など経済・社会に関する文献から、音楽理論の論文まで幅広く課せられました。

教授が長渕剛の大ファンだったので、長渕剛が富士山麓で行なったオールナイトライブのDVDを授業中に観ました。鑑賞後のディスカッションでは、日本の政治や社会体制に批判的な長渕剛の歌詞を手掛かりに、新しい視点から日本のあり方を再考していきました。音楽を含めたポップ・カルチャーは、時代の流れを実によく反映しており、その時代の社会・経済を理解する上でとても重要なツールである。それがこの授業のポイントの一つでした。

社会批判・体制批判的なメッセージを含むポップ・ミュージックに耳を傾け、その時代の大衆が何を感じ、何を考え、何を願って日常を過ごしていたのかを分析することで、知識人などのエスタブリッシュメント（支配・特権階級）によって書かれた教科書の歴史とは異なる、一般庶民の視点からの新しい「歴史観」が見えてきたのも、この授業の醍醐味でした。

これから海外の大学で学ぶ人には、一度は日本関連の授業を履修することをお勧めします。きっと今まで見たことのない、新しい日本が見えてくると思います。

リベラルアーツカレッジの魅力

私が通うウェズリアン大学は、米国東海岸のコネティカット州（ボストンとニューヨークのちょうど真ん中）にある1831年創立のリベラルアーツカレッジで、ビッグスリー（名門の米国総合大学：ハーバード大学、イェール大学、プリンストン大学）に対して、リトルスリー（名門の米国リベラルアーツカレッジ：アマースト大学、ウィリアムズ大学、ウェズリアン大学）の1校として知られている大学です。

リベラルアーツカレッジ（以下リベカレ）とは、アメリカの大学の中でもリベラルアーツ教育に重きを置いた小規模な大学です。

対照的に、大規模な大学は総合大学と呼ばれます。ハーバードやスタンフォードなど皆さんがよく知る大学は総合大学に分類されており、リベカレは教育の質が高いにもかかわらず、日本ではまだ知名度が低いように思います。

理系の書籍のみを扱う
図書館「サイエンス・ライブラリー」
この建物の向かいに、文系の書籍のみを
扱うもう1つの図書館がある

ダイニングなどが入る学生センター(右)、ダンススタジオ2つと大ホールが入る建物(左)

ウェズリアン大学のあるコネティカット州の気候は、夏は大阪や東京よりもやや涼しく、冬は極寒です。1~2月は最高気温が氷点下の日もあります。夜になるとマイナス10度を下回ることもあり、朝起きると見渡す限り白銀の世界になっていることも珍しくありません。

寒さに勉強のストレスが加わり、憂鬱な気分になることもありますが、そんなときは友達と鍋パーティをして心と体を温めています。

リベカレの特徴は、徹底した少人数教育、全寮制のキャンパス、柔軟な授業選択、ディスカッション中心の授業などです。教授のきめ細かい指導を通じて、優れた人格、リーダーシップ、コミュニケーション能力、幅広い教養と視野を持った人材を育成しています。

リベカレ出身者には、オバマ前大統領やヒラリー・クリントン元国務長官をはじめ、有名企業のＣＥＯやピューリッツァー賞、アカデミー賞の受賞者も多く、世界中の政界、経済界、学界、エンターテインメント業界で幅広く活躍しています。リベカレ卒業後に総合大学の大学院に進学して、のちにノーベル賞に繋がるような功績を残している人もいます。

日本人では、同志社大学の設立者である新島襄、女子教育の先駆者と称される津田梅子もリベカレ出身です。

当初は、日本でも知名度のある総合大学への進学を希望していましたが、日野田先生から

学生センターの外観。真冬以外は、屋外でランチを食べたり、勉強する学生も多い

「サイエンス・ライブラリー」の中。1階は友達と勉強する学生が多いため常に賑やか。地下1階と2階は、静かに1人で勉強したい学生向け。月〜木・日曜日は午前2時まで開館している

「海外経験がなく、英語も不安なのであれば、少人数教育で教授の面倒見がいいリベカレに行った方がいいよ」とアドバイスを頂き、自分でも調べた上で、リベカレを第一志望にしました。

ほとんどの生徒がキャンパス内に住んでいるため、コミュニティの形成がしやすいのも特徴です。部屋に遊びに行ったり、一緒に料理をしたり、夜遅くまで一緒にゲームをして遊んだりと、多くの時間を友人と過ごすことができます。自室から教室まで歩いて15分程度なので、通学にもほとんど時間がかからず、多くの時間を勉強に割くことができます。

一方で、大学自体の規模が小さいため、専攻の種類に限りがあり、開講されている授業の数が総合大学より少ないという側面もあります。

「リベラルアーツ」ってなんだろう？

近年、「リベラルアーツ」という言葉が日本でバズワード化して、本質が見えづらくなっているような気がします。日本で「リベラルアーツ」と聞くと、「文理の枠を超えて、様々な分野の学問を学ぶこと」というイメージを持つ方が多いようですが、それはリベラルアーツ教育の本来の目的ではなく、目的を達成するための『手段』だと思います。

リベラルアーツ教育の最上位にある目的は「未来社会のリーダーを育成すること」だと私は考えています。


リーダーになるために不可欠な要素は何かというと、ダイバーシティの高いコミュニティをまとめ上げる力です。

多様な人々をまとめ上げて信頼を得るには、彼らの様々な文化的、政治的、経済的、宗教的、歴史的な背景を理解する必要があります。だからこそ、リーダーは様々な分野の知見を身に付ける必要があると私は考えています。

また、リーダーは難しい課題を解決する役割を担います。教養を身に付けることで、そのような場面において、過去に起こった事象からパターンや教訓を得て、問題解決に繋げることができます。よって、様々な分野の学問を学ぶことは、リーダー育成のための手段の一つだと言えます。


その一方、リーダーとして他人を動かすためには、幅広い教養を持っているだけではなく、それを効果的に相手に伝え、議論し、協働するコミュニケーションスキルも必須です。

つまり知識のインプットだけではなく、それをアウトプットするスキルも合わせて、はじめて一人前のリーダーだと思うのです。

私の通う大学では、ペーパーやディスカッション、プレゼンテーションやディベートを通じて、論理的かつ明確に自分の主張を伝えるスキルと心構えを鍛えるように、カリキュラムがデザインされています。

またリベラルアーツ教育では、文学、演劇、音楽、美術といった芸術も重視されています。私自身、演劇やダンスを通じて、創造力を育み、他者と協力して作品を創り上げてきました。芸術を通じて培った人間性と創造力こそが、いつの時代も社会をリードしていく上で必要不可欠だと思います。

つまり、リベラルアーツ教育の目的は、「未来社会のリーダーを育成すること」ではないでしょうか。

幅広い教養を身に付け、コミュニケーションスキルを育み、人間性と創造力を磨くことは、その目的を達成するための手段だと私は考えています。リベラルアーツ教育で学んでいることとは何か、という質問に一言で答えるとしたら、「リーダーになるために必要な素養」と私は答えます。

では、日本の大学における一般教養科目と、リベラルアーツ教育はどう違うのかと疑問に思う方もいると思います。いずれも様々な分野を学ぶという点では共通していますが、先述した通り、知識のインプットはリベラルアーツ教育の一部分にしかすぎません。

渡米前に日本の国立大学に3ヵ月通いましたが、大規模な講義ばかりで、アウトプットの機会は非常に限られていると感じました。また、芸術系の授業が皆無に等しかった点も、アメリカのリベラルアーツ教育との大きな違いだと思います。

ウェズリアン大学を選んだ理由

リベカレを第一志望として出願しましたが、その中でも私がウェズリアン大学を選んだ理由は、小学6年生から慣れ親しんできた演劇やダンスを、大学でも専攻あるいは課外活動としてつづけるためでした。そのためにアートが盛んな大学に行きたいと常々考えていたのです。

その点、ウェズリアンはアート分野に強く、美術、音楽、演劇、映画などクリエイティブな才能を持った人がたくさんおり、映画監督や作家、脚本家、ミュージシャン、俳優として第一線で活躍している卒業生も多くいます。学期はじめには、毎日のように舞台のオーディションがキャンパスのあちこちで開かれ、舞台に立ちたい人がこぞって参加するので、どれも高い競争率です。そういった学生制作の舞台は、学生のオーケストラが生演奏で盛り上げます。

また、芸術の中心地であるニューヨークが近いこともあり、キャンパス外からプロのアーティストを呼ぶことも多く、毎週末コンサートが目白押しです。学内にはダンススタジオ、劇場、リハーサル室が数え切れないほどあり、学生はそれらを無料で自由に使うことができます。私もダンススタジオを予約して、1人で気晴らしに踊ることもあります。

他にも3つのギャラリーがあり、プロのアーティストの展覧会から、学生の作品まで、絵画、写真、映像、工芸など分野を問わず、様々な展覧会が開かれています。毎月展示を入れ替えているので、飽きることはありません。

ウェズリアン大学は映画学専攻においても有名で、学内には3D上映にも対応した映画館があり、毎週水~土曜日の毎晩、半世紀前のモノクロ映画から最新作まで古今東西の映画を上映します。映画学専攻の人たちが厳選した上映ラインナップなのでハズレはありません。

『君の名は』やジブリ作品などの日本映画も月に一度は上映されています。金曜日は5ドル払わなければいけませんが、それ以外の日は無料です。スクリーンは1つですが、412席のキャパシティがあり、学生が製作した映画の上映会もここで行われます。

このようにキャンパス内にいながらも、あらゆるエンターテインメントに触れる機会が豊富な点は、ウェズリアン大学の大きな魅力だと思います。

ウェズリアン大学を目指したもう一つの理由は、ロケーション（立地）です。

最初は大都市にある大学を考えていましたが、高3の夏にボストンとニューヨーク周辺の大学を訪れた際、都会と田舎の大学を実際に見て、田舎の方が落ち着いて大学生活に集中できると判断しました。

西海岸にもリベカレはいくつかありますが、赤レンガの建物に象徴されるニューイングランド（アメリカ北東部）の古き良き雰囲気に心惹かれました。ウェズリアン大学のある街は鉄道も通らない田舎町で、街から出るにはＵｂｅｒ（配車アプリ）を使わなくてはいけませんが、ニューヨークとボストンには電車か車で片道3時間と、日帰りで行ける距離も魅力です。

もう一つ、決め手になったのは、高3の秋にウェズリアンのレセプションに出席できたことです。奨学金制度に関する質問を入試課にメールで送ったところ、思いがけず東京でのレセプションの案内を送ってもらったのです。

在校生や卒業生から、ウェズリアンでの大学生活の話を聞いているうちに、彼らの強い誇りと愛校心を感じて、こんな大学に自分も行きたいと思うようになりました。

一口にリベカレといっても、大学ごとに特色は様々です。

海外の大学を目指す人は、まずは興味のある大学の在校生や卒業生から話を聞くことをお勧めします。経験者に勝るリアルな情報はありません。私は知り合いのいない大学に興味を持ったときには、SNS上でその大学の在校生や卒業生を見つけて、メッセージを送るといったこともしていました。

自己紹介と彼らの大学に興味があることをきちんと伝えれば、意外と返信してくれます。

「この大学に行きたい！」という自分の情熱に従って行動すると、道は無限に広がるのです。

ウェズリアン大学の教育

私の通うウェズリアン大学では、先述した「批判的思考（違う視点から見ると別の考え方もできるという建設的な姿勢）」と「創造性」を重視した教育を施しています。大学のミッションも「批判的かつ創造的に物事を考え、自主性と寛容さを重んじる人材を育成する」と謳《うた》っています。

まず、「創造的に物事を考える」とは、簡単に言うと「既存の知識や情報を融合させ、新しいアイデアを創造すること」だと私は定義しています。

創造的に物事を考えることによって、未知の問題に対して自分なりの答えを生み出す力を育むのです。

国際政治学の授業では「授業で習った理論やコンセプトをより深く理解するために、映画やドラマ、ゲームの世界にそれらを当てはめてみよ」という期末論文が課されました。

そこで私は、二極体制（例：米ソ冷戦体制）や一極体制（例：冷戦後のアメリカの覇権）といった国家間の力関係を表したコンセプトを、「ミーン・ガールズ」というアメリカの学園コメディ映画の登場人物たちに当てはめました。国際政治学という実生活から遠いような理論を、身近な人間関係を理解するために活用できないか、という可能性について考察したのです。

このペーパーは、「今まで読んだ中で最も優れたペーパーの一つだった」と教授に高く評価していただきました。

東アジア学の先生は、「Synthesis（合成）」という課題をよく出します。これは、授業で読んだ2つのリーディングから得た内容を組み合わせて、自分なりの新しいアイデアを生み出し、3ページ程度のペーパーにまとめるというエクササイズです。月に一度この課題が出ます。例えば、唯物論者の論説を長渕剛の歌詞と組み合わせ、歌詞の中に登場する「物体」に長渕のどのような心情が表れているかを分析しました。

東アジア政治学の授業でソーシャル・ムーブメント（社会運動）について学んだ際は、「ムーブメント（動き）」という共通点のもと、ダンス学部の先生を招いて、社会運動を体の動きでみんなで表現しました。「社会運動は非日常的な行為ですが、それと同じように、日常ではやらない動きをやってみましょう」と先生に言われ、椅子の上に立ったり、床を這いつくばったり、机の上に寝そべったり、みんな思い思いのムーブメントを試して、いつもの教室が動物園のように様変わりしました。

この実験の後に全員で振り返りを行い、「いつもやらないムーブメントをやるのは不快感や不安感を感じる」「椅子の上に立つことで教室の形が見えてきたりと、非日常的なムーブメントを通じて今まで気づかなかった発見があった」など、社会運動に関わる人々の心理を理解する上で、とても学びの多い授業となりました。

日本の学校では、学問を分断して教えられていたような印象がありましたが、創造性を用いて、知と知が化学反応を起こすことの楽しさを知れば、学ぶことがもっと楽しくなるのではないかと思います。

ルールは「自分たちで創る」

ウェズリアン大学の1年生対象の寮は6棟ほどあり、キャンパス内に点在しています。1年目から1人部屋を与えられる人も半数近くいますが、私はアメリカ人の学生とルームシェアをすることになりました。

部屋は両サイドにそれぞれベッドが配置されている広いワンルームです。1人一つずつ与えられる勉強机、椅子、タンス、クローゼットを置いても、まだまだスペースが残る広い部屋でした。

オリエンテーションの期間中に、ルームメイト間でルールを作るのですが、私たちはこういったルールを決めました。

・ビデオチャットや電話は、もう1人が部屋にいたらラウンジでする
・物は借りたいときは事前に聞く。勝手に使わない
・自分の家具周りのみ掃除をする。相手の場所がどれだけ散らかっていても何も言わない
・ルールを変えたければいつでも話し合う

それは授業が始まった週のことでした。

部屋で勉強をしていると、ルームメイトとその友達5、6人が突然やってきて、匂いのきついスナック菓子を食べながら、スピーカーで大音量の音楽をかけて、おしゃべりを始めたのです。

突然のことにびっくりした私は、その場では何も言えず、図書館に逃げました。

「残りの1年間、この子と一緒にやっていける気がしない」

そう思い、途方に暮れましたが、我慢していてもストレスは溜まる一方です。私は勇気を出して「大音量で音楽を流したり、突然部屋に友達を呼ぶことを快く感じない」とルームメ

イトに率直に伝えました。

怒らせてしまうのではないかと内心ではヒヤヒヤしましたが、意外にも素直に受け止めてもらえたことから、2人で新しいルールを作ることを提案しました。

・2人とも部屋にいるときはヘッドフォンで音楽を聴くこと
・友達を部屋に呼びたいときは事前に伝えること

私たちはこれらのルールを新たに追加しました。

それからの彼女は大音量で音楽を流すことはなく、部屋で友達と遊びたいときは前もって連絡してくれるようになったので、事前に他の場所に移って勉強できるようになりました。

新しい環境では、不満やストレスは必ず出てきます。そういったときに自分だけ我慢するのではなく、解決策を提案することはとても重要です。もし具体的な解決策が提案できれば、素直に受け入れられることもあると体験的に学ぶことができました。

私たちは、学校の校則や法律などのルールは「誰かが創るもの」で、それを「守るべきもの」と思いがちです。しかし、そもそもルールは自分たちで創ったり、変えたり、廃止してもいいはずです。

自分たちに適用されるルールに対して、「誰のためなのか」「なぜ必要なのか」「現行のルールはこのままでいいのか」と深く考えて掘り下げることは、健全な社会や組織を実現するための第一歩だと思います。

また、自分にとって有利なルールに変えるために相手と交渉する術も、留学生活では欠かせないスキルだと改めて実感した出来事でした。

大学のキャンパス内にいくつも並ぶ
学生用のシェアハウス

明るい日差しの差し込むシングルルーム
（2年目）

私の周りにいる学生

1学年約800人が在籍するウェズリアン大学は、リベカレの中では学生数が比較的多い環境といえます。

留学生は全体の13%で、その約3分の1が中国からの留学生です。大学は2017年から中国語のブログを立ち上げ、WeChat（中国の無料インスタントメッセンジャーアプリ）のアカウントも開設し、中国人受験生に対する情報発信に努めています。

一方で日本人留学生は大学全体で10名程と、中国人留学生の10分の1と小規模なコミュニティで、新入生歓迎会やたこ焼きパーティなど、1学期に2回ほど集まっています。

留学生の多くはインターナショナルスクール出身で、高校からアメリカのボーディングスクール（全寮制の寄宿学校）に行っていた人も多くいますが、英語で教育を受けることに慣れている彼らでも、「思うように成績が取れない」という悩みをよく口にしています。

また、男女比はほぼ半々です（大学の統計によると男子が45%、女子が55%）。ハーバード大学の女子比率も50%近くですが、東大はたった20%とかなり偏りがあるのも、日本とアメリカの大学の違いです。

人種別の内訳は、白人が6割、アジア人／アジア系アメリカ人が2割、黒人／アフリカ系アメリカ人とラテン系／ヒスパニックがそれぞれ1割、ネイティブ・アメリカンやハワイ、アラスカ、太平洋諸島の出身者が全体の2％という構成です。

図書館で周りを見渡してみると、白人グループ、黒人グループ、アジア人グループというように、人種ごとのグループで勉強している場面をよく見かけます。やはり自分と似ている人と一緒にいる方が落ち着くのでしょうか。私自身も中国・台湾・韓国・タイなどアジア出身の留学生や、アジア系アメリカ人の学生と一緒にいることが多いように思います。

特別な意図はありませんが、アジア人の友人の方が共通の話題が多かったり、英語のアクセントが聞き取りやすかったり、なんとなくコミュニケーションがとりやすいように感じるのです。大学内にあからさまな人種差別はありませんが、人種ごとの分離は存在しているように思います。

また、国籍・人種・性別におけるダイバーシティだけでなく、経済面においても様々な立場の人がいます。

一昨年の夏休みに、バンコクでタイ人の同級生に会ったのですが、宿泊先に運転手付きの

ＢＭＷで迎えに来てくれたのには驚きました。他にも、入学してすぐに数百万円の高級車を購入した友人もいます。

その一方で、全体の約13％が「First generation」と呼ばれる、両親が大学に行っていない学生です。彼らは低所得者層出身の場合が多く、学費を稼ぐために毎日のようにダイニングでアルバイトをしている学生も見かけます。

あるアメリカ人の同級生は大学から奨学金をもらっていますが、それでも足らず、学費を賄うために自分でクラウドファンディングを立ち上げていました。

別の同級生はノートパソコンを買うお金がなかったため、同じくクラウドファンディングでお金を集めていました。２週間の春休みに、フロリダやカリブ諸島にバカンスに行く学生も多い中で、経済的な理由でキャンパスに残る学生もいます。キャンパスは、まさに世界の縮図のような環境です。

異国での友達づくり

私が渡米前にひそかに心配していたのは、「友達ができるかどうか」でした。

「毎食1人で食べることになったらどうしよう」
「英語が下手でろくにコミュニケーションも取れない自分を、相手にしてくれる人はいるのだろうか」頭の中はそんな不安と緊張でいっぱいでした。

とにかく入学して最初の1ヵ月は、キャンパス内のあらゆるイベントに顔を出しました。名前と顔を一致させるのが苦手だったので、新しく出会った人にはその場でフェイスブックを交換し、あとから名前と顔写真を確認できるようにしました。

人見知りの性格を抑えこみ、気の合った人を積極的に食事に誘い続けた結果、いわゆる「いつメン（よく一緒にいる仲のよい友人）」のような友達が数名できたのは、1ヵ月くらい経った頃だと思います。

それからは手当たり次第に話しかけるのではなく、仲の良い友達とさらに関係を深めるようにしました。

彼らは、私の下手な英語にも、いつも辛抱強く耳を傾けてくれます。最初の頃は、自分の英語に対して劣等感を常に感じていましたが、彼らと共にいることで、「どうやって伝えるか」よりも「何を伝えるか」が人間関係を築く上で大切だと気づくことができました。

いつも私が心がけていたのは、友達からの誘いを原則断らないことです。

大学に入学して2週間後に、出会ったばかりの友人たちが誕生日会を開いてくれた

どんなに勉強で忙しくても、友人と過ごす時間を惜しみません。食事を共にするだけではなく、友達が出演するコンサートを観に行ったり、一緒に映画を観に行ったり、1分1秒でも長く友人と過ごすようにしました。

2年目になって気づいたことは、友人関係を深める上で、自分の悩みや不安、弱音を聞いてもらうことは、とても大切だということです。

自分が心を開くことで、相手も心を開き、悩みを話してくれることは多々あります。

中国語の授業についていけなくて落ち込んでいるときに、そのことを友人に話すと、彼女もスペイン語の授業が理解できずに苦労していると話してくれたことがありました。

「授業についていけないとき、あなたならどうする?」とアドバイスを求め、相手を頼ることで、友人との仲が一気に深まっていきました。

不安や悩みだけでなく、夢やパッションについても自分から話すことで、相手も同じように将来のビジョンを語ってくれるものです。

他愛のない会話だけではなく、より深いレベルの話をすることで、お互いのことをさらに知ることができ、さらに一歩進んだ関係を築けるようになりました。

ダイバーシティとインクルージョン

「多様な人材の活用が必要」という意識が日本でも高まってきたこともあり、ダイバーシティという言葉をよく耳にするようになりました。

ですが「インクルージョン」という言葉はまだあまり浸透していないように思います。

アメリカではこの2つはよくセットで語られます。というのも、ダイバーシティは「状態」に過ぎないからです。

ダイバーシティが「多様なバックグラウンドや価値観を持つ人達が存在している状態」で

あるのに対し、インクルージョンというは「そのような多様性を尊重し合い、差別や排斥をせずにすべての人を仲間として受け入れること」です。

ダイバーシティがあっても、インクルージョンの精神が欠けていたら差別や排斥は起こります。

そのため、大学には単に多様な人たちが集まっているだけではなく、その人たちが安心・安全に心地よく日々の生活を送ることができるように、インクルージョンを意識して、キャンパスがデザインされているのです。

ジェンダー・ニュートラルの
トイレにかけられている共通プレート

ウェズリアン大学では寮もシェアハウスも、トイレとシャワーは全てジェンダー・ニュートラル（どんな性別の人でも利用可）です。

渡米した最初の1週間は「男の子と同じトイレやシャワーを使うの？」と抵抗感しかありませんでしたが、蓋を開けてみれば2週間ですっかり慣れてしまいました。

キャンパスでの食生活にもダイバーシティがあります。学生センターのメインダイニングはビュッフェ形式で、ベジタリアン食、ヴィーガン食（肉・魚・卵・乳製品を含めた動物性のものを含まない食事）、コーシェルフード（ユダヤ教戒律に適合した食事）、グルテンフリー料理（グルテンを除去した食事）など、様々な食生活に配慮した食事が常に用意されています。

もう1つのダイニングは注文形式で、肉類を含む料理は、鶏・豚・牛からプロテイン源を選べます。肉類は豆腐にも変更できるので、どんな宗教や食生活の人でも安心して注文できる環境が整っています。

様々な「違い」を持った人がストレスなく大学生活を送れるよう配慮が施された、インクルーシブなキャンパスなのです。

こういった配慮の特徴は何かというと、「一部の人が特別扱いされていない」という点です。

ジェンダー・ニュートラルのトイレとシャワールームは、セクシャル・マイノリティの人たち専用ではなく全員が使います。ベジタリアン、ヴィーガン、コーシェルなどの特別食は、誰でも食べることができます。

というのも、インクルージョンを実現する上で、一部の人たちに限定的なサービスを提供することは、逆に差別やいじめを助長する可能性があるからです。

インクルージョンが本当に達成された状態というのは、そこにいる全ての人がハッピーな状態を指しています。大学のように多様な人材が集まり、それぞれの才能を発揮できる環境を担保するには、インクルージョンの精神が欠かせません。

このように多様性を生かすための環境づくりの一例を、キャンパスで日々体験しています。

自分の学びを自由にデザインする

高3の頃、日本の私立大学の文学部を受験するクラスメイトに「文学に興味があるの?」聞いたら、「全学部の中で一番偏差値が低かったから」と返ってきて驚いたのを覚えています。

日本では受験時に学部選択をしますが、アメリカの大学では入学時に学部の選択はありません。

ウェズリアン大学には必修科目さえなく、最初の2年間は、約40学部の何百とある授業の中から自由に選択できます。最終的なメジャー（専攻）は2年生の終わりに決め、3年目から専攻科目を中心に学びます。

また、アメリカでは専攻も1つに絞る必要はなく、ダブルメジャーといって2つの専攻を学ぶこともできます。私の周りでは半分近い人たちがダブルメジャーです。

経済学と演劇学、文学とコンピュータサイエンス、というように、全く違う学問をダブルメジャーにすることもでき、さらにマイナー（副専攻）も加えることができるので、その組み合わせは無限大です。

演劇・美術・ダンス・音楽といった芸術分野も専攻外で選べるので、まさに自分の学びを自由にデザインできるのです。日本で芸術分野を学ぶためには、専門学校や特定の学部に進学する必要がありますが、アメリカの大学では他の学問を学びながら、芸術を学べます。

高校で学ぶ科目は限られており、大学受験時点ではまだ学んだことのない学問がたくさんあるはずです。

アメリカの大学では、今までやったことのない分野や、自分では思いもよらなかった分野に触れて、「大学で本当に何を学びたいのか」をじっくり考える時間が与えられています。

私の場合、大学でコンピュータサイエンスの授業を取るまで、自分がここまでプログラミングに没頭するとは思っていませんでした。大学1年生の冬休みには、子ども向けのプログラミング教室でインターンをしたほどです。最終的には社会学と政治学を専攻することにしましたが、1年目が終わった時点では、専攻はまだ見つかっていませんでした。

2年目に入って、「とりあえずやったことない学問をやってみよう」と、これらの学問を選んでみたところ、すっかりハマって我ながら驚きました。おかげで今まで触れる機会のなかった分野に触れて、自分の可能性がどんどん広がっていく過程を実感できました。これもアメリカの大学に来て良かったと思うことの一つです。

1週間のスケジュール

ウェズリアン大学は2学期制で、9〜12月が秋学期、1〜5月は春学期です。3学期制または4学期制の大学もあります。夏休みは3ヵ月間、冬休みは1ヵ月間あって、秋学期中には秋休みと感謝祭休み、春学期中には春休みが入ります。

私は1年目と2年目の春休みに、友人達とフロリダに行きました。1年目はマイアミの

	月	火	水	木	金
10 a.m.					
11 a.m.	微積分	コンピュータサイエンス（レクチャー）	微積分	コンピュータサイエンス（レクチャー）	微積分
12 a.m.					
1 p.m.	和太鼓		コンピュータサイエンス（ラボ）		
2 p.m.					
3 p.m.		経済学入門		経済学入門	
4 p.m.					
5 p.m.					
6 p.m.					
7 p.m.	プログラミング				
8 p.m.					
9 p.m.					

1年目の春学期授業のスケジュール例

ビーチでのんびりと、2年目にはディズニー・ワールドとユニバーサル・スタジオにも行ってきました。

フロリダ滞在中は民泊サービスであるＡｉｒｂｎｂ（エアービーアンドビー）でコンドミニアムを1軒まるまる借りて、みんなで夜まで映画を観たり、将来のことについて語りあったりと、楽しくワイワイと過ごしました。

学期中は勉学に没頭し、休みになれば遊びやインターンに集中できるので、メリハリが付けやすいように思います。

朝はたいてい9時半ごろに起きて、ノートや宿題を見返して授業の準備をし、朝食を食べます。朝食はキャンパス内の食料品店で買ったシリアルや果物を部屋で食べたり、教室近くのカフェで簡単に済ませることもあります。キャンパス内に住んでいるため、寮から教室まで徒歩5分程度です。

1日に授業は2~3コマあり、授業後は教授のオフィスアワーに行ったり、課外活動をしています。

予定がなければ、ジムに行ったり、図書館や自室で宿題や予習をして、6時頃にダイニングでディナーを食べます。夜はＴＡ（ティーチングアシスタント）のセッションに行って授業や宿題の質問をし、深夜3時過ぎまで図書館で勉強していました。その後、寮に帰ってシャワーを浴びるので、ベッドに入るのは4時前後になりがちです。

学内には学生が自由に使えるジムも完備されている

テスト期間になると、睡眠時間が3時間くらいの日が続くこともありますが、そんなときは30分程度の昼寝をすることで、集中力を1日保つようにしています。

そうして金曜日の授業が終わると「やっと

1週間終わった～」という感じです。友達とキャンパス内の映画館に映画を観に行ったり、キャンパス外でショッピングやディナーを楽しんだり、1週間頑張ったご褒美のような時間を過ごします。夜には上級生の家で開かれるパーティに行くこともあります。

土曜の午前中は友達とゆっくりとブランチを楽しみ、午後からは翌週に向けて勉強をします。夜は金曜日と同様にキャンパス外に出たり、パーティに行ったりしていました。

日曜日も同じようにブランチを食べたら、翌週に向けて深夜まで勉強します。土日は平日よりはゆったりとしたスケジュールですが、勉強は必須です。


2年目もこのような生活を送っていましたが、1年目と変わった点は、週末の夜の過ごし方です。パーティに行くことは少なくなり、代わりに友達の部屋で雑談をしたり、自室で映画を観たり、日本から持ってきた本を読んだりと、まったり過ごすことが多くなりました。

3年目からは専門性が増すため、もう少し勉強の時間を増やす必要があるかもしれませんが、基本的な過ごし方は変わらないと思います。

大学での食生活

「アメリカの食事はおいしくない」という話をよく聞きますが、私は大学の食事はおいしいと思っています（あくまでも個人の感想です）。面倒くさがりの私は、食事はいつもダイニングで済ませ、自炊することは滅多にありません。

キャンパス内にはダイニングとカフェが4ヵ所ずつあり、食料品店もあります。ダイニングには、ピザやハンバーガーなど、いかにもアメリカらしい料理や、タコスやブリトーなどのメキシコ料理が多く、アジア料理はあまり並びません。

どうしてもアジア料理が食べたいときは、友人と連れあってキャンパスから徒歩10分ほどのところにあるメインストリートに行きます。このストリートには、ベトナム料理、日本料理、タイ料理などアジア系のレストランがあります（寿司にマンゴーが入っていたりと、ややアメリカ風に料理されており、実際の日本食とはちょっと違いますが（笑））。

ダイニングのお気に入りメニューは、
自分でパンの中身を選んで作る
サンドイッチ

ブランチにはフルーツやパンケーキ、
アメリカンスタイルのカリカリのベーコンを
よく食べる

食料品店では、新鮮な野菜、果物、乳製品、肉魚類はもちろん、キムチや醤油などアジア系の食材も販売されているので、料理が好きな人はここで食材を買って自炊をしています。日用品も買えるので、キャンパスから出る必要はほとんどありません。

課題に追われているときは、食事は1人で手短に済ませますが、時間に余裕があるときは、友達とのグループチャットに「誰か一緒にディナー行かない?」とメッセージすると、たいてい誰かが「一緒に行こう」と返信してくれます。

食事中は、「テストが予想以上に難しかった」という愚痴や、「最近○○と○○が付き合い始めた」という噂話など、他愛のない話題で盛り上がることもあれば、カール・マルクスの『資本論』やアメリカの移民政策についてなど、授業さながらの真剣なディスカッションをすることもあります。

経済学、哲学、社会学、教育学など、違う専攻を学んでいる友人と議論することで、それぞれの専攻で学んでいることを交換し合い、新しい視点を得られるのは楽しい時間です。

一方で、自分の中学や高校時代を思い返してみると、政治や社会問題について友達と話した記憶がほとんどなかったように思います。そのような真面目な議論をすると「意識高い系」だと嘲笑されるのが嫌で、周りの会話に合わせていた覚えがあります。

そんな「真面目な議論を避ける風潮」が、政治や社会問題に対する無関心を助長しているのかもしれません。日本でも堂々と真剣な議論ができる雰囲気は必要ではないかと、ディナーを食べながら友人と議論するたびに思います。

1年目に打ち込んだ課外活動

1年目に特に打ち込んだ課外活動は演劇です。シェイクスピア作の「ジュリアス・シーザー」を女性だけで演じるという舞台に立ちました。

脚本は約400年前に書かれた古典英語のままだったこともあり、シェイクスピア独特の表現や文法が多く並んでいて、さっぱり内容が分かりませんでした。

まずは台本を1文ずつ和訳と照らし合わせ、理解するところからスタートしました。

私以外の出演者は全員、母国語が英語だったので、彼らと同じように流暢な英語で演じられるように、英語が堪能な友人にセリフの練習を手伝ってもらうことにしました。

日本語で演じるときとは違い、最初はセリフを自分のものにできず、もどかしい思いもしましたが週4〜6回の稽古を経て、本番では自然と涙が出てくるほど役に入り込むことができました。

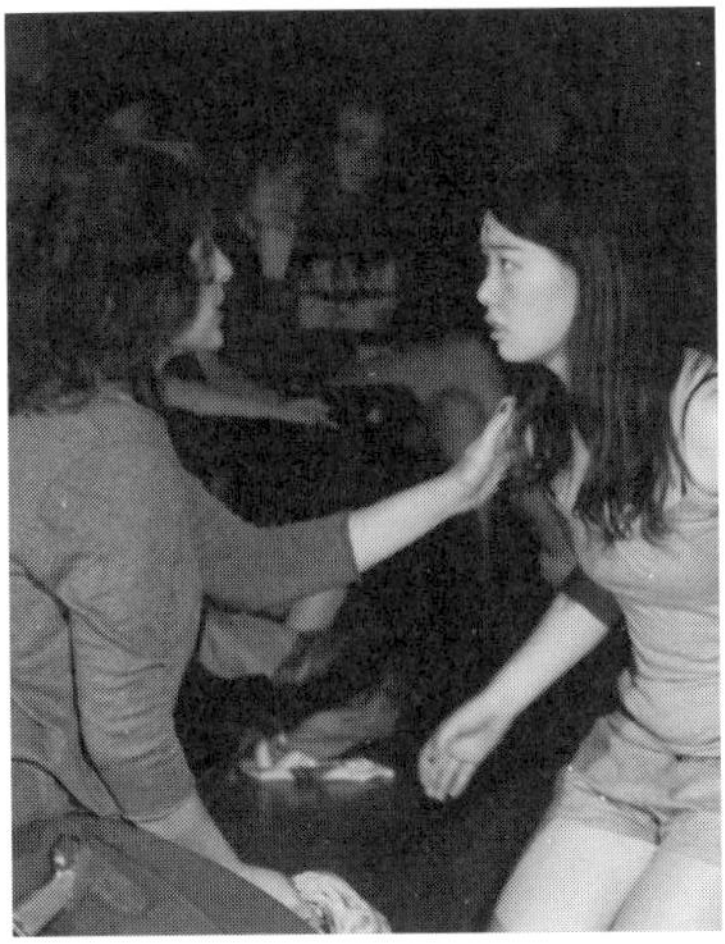

稽古を重ねて挑んだシェイクスピアの演劇

和太鼓チームでのパフォーマンス

他にも課外活動として、数々の学内イベントの企画・運営に取り組みました。

例えば、日本文化を紹介するための「ジャパン・カルチャー・ショー」、ビジネス分野に興味のある女子学生向けのネットワーキングイベント、地元の小学生に東アジア文化を紹介するワークショップ、アメリカで就職を希望する留学生向けのキャリアイベントなどです。これらのイベントを通じて、一緒に企画した仲間だけではなく、そのイベントに来てくれた人とも仲良くなることができ、交友関係が広がりました。

和太鼓チームにも入り、様々なイベントでパフォーマンスをする機会にも恵まれました。大学の卒業式で卒業生の入場曲を演奏したのもいい思い出です。

勉強編

アメリカの大学の勉強はどれくらい大変か？

大学での成績評価はA～Fまであり、「A＋」「A」「A－」という表記でプラス、マイナスが付きます。D－の下は単位不認定です。

Aは優秀、Bは平均、Cは頑張りが必要。普通に勉強していたなら、まずDを取ることはありません。

日本に帰ると「アメリカの大学の勉強はどれくらい大変なの？」とよく聞かれますが、「どの成績を狙うか次第だよ」と答えています。というのも、「B」が欲しいのであれば、課題を期限内に提出し、テスト前にきちんと復習していれば、十分取れるからです。しかし「A」を狙うとなれば、勉強量を大幅に増やす必要があります。

課題やテスト対策はもちろん、事前に出されているリーディングをきちんと済ませ、ディスカッションの準備をし、オフィスアワーに通ってその日の授業で分からなかったところを聞くなど、日々の予習復習が欠かせません。

日本で生まれ育った私は、アメリカ人と比べると、読み書きのスピードが圧倒的に劣っています。そのため、他の学生が前日から読み始めるリーディングは前々日から読み、他の学生が1週間前から書き始めるペーパーは2週間前から書くなど、何事も早めに取り掛かるようにしています。それでもいつもギリギリになってしまいます。

成績評価の主な項目は、「授業への参加」「定期テスト」「ペーパー」の3つです。

①「授業への参加」
ただ出席するだけではなく、どれくらいディスカッションやグループアクティビティに参加しているかを見られます。

②「定期テスト」
日本のテストのように選択式や記述式の問題の他に、エッセイを書く場合もあります。

テストは授業内で行われることもあれば「Take home」といって、家に持ち帰って好きな時間に解いて提出するテストや、「Open book」といって、ノートや教科書を使うことを許されたテストもあります。

ペーパーテストの代わりにプロジェクトが課されることもあり、例えば、コンピュータサイエンスのクラスでは、自分でコードを書いてオリジナルのゲームをつくりました。歴史学の授業では、「1970年代のアメリカにおける学生運動」をテーマにリサーチを行い、それを大きなパネルにまとめて最後の授業で発表しました。リサーチでは、図書館で半世紀前の文献を漁り、学生運動に実際に参加していた卒業生に電話インタビューを行いました。

③「ペーパー（論文）」

短いもので3〜4ページ、長いものだと10ページ以上のペーパーが、1つの授業あたり、1学期間に4本程度課されます。

私はいつもアウトラインの段階で教授からフィードバックをもらってから、本格的に書き始めています。また、書いている途中で行き詰まったときは、教授に相談しに行くようにしています。

1つのペーパーを仕上げるために、教授と話し合いを重ねるので時間はかかりますが、それを経てようやく自分が納得できるペーパーを書き上げることができます。

前記の①～③に加えて、テキストの例題を解いて提出したり、リーディングに対して意見を述べる短いペーパーを毎週のように課す授業も珍しくありません。もし「A」を目指すのであれば、どの課題もテストも手を抜くことはできません。

このようにどの成績を目指すかによって、勉強の取り組み方の深度が大きく変わります。

膨大なリーディングのこなし方

ほとんどの留学生が必ず直面する試練が、山のようなリーディングです。英語の本を1冊も読んだことがなかった私は、週150～200ページのリーディングに、1年目は悪戦苦闘しました。秋休みや感謝祭休み（どちらも1週間弱）になると、約300ページの書籍まるまる1冊が課されます。

同じセンテンスを何度読み返しても内容が飲み込めず、毎晩のように図書館で1人途方に暮れていました。それでも日々大量のリーディングと格闘していく中で、徐々に自分なりの「読むコツ」が少しずつ掴めてきました。

まずは「全部読む必要はない」ということです。基本的に各段落の最初と最後に書かれている筆者のメインポイントさえ掴めればいいので、引用部分や具体例は飛ばして読むようにしました。授業の準備を10としたら、与えられたリーディングを読むのは3くらい、残りの7はディスカッションの準備に使います。

準備では、作者のバックグラウンドやそのリーディングが書かれた時代背景などを調べたり、質問や意見など授業中に発言したい内容をノートに書き留めます。社会学の教授は「リーディングの中で特に分からなかった部分はどこか」「リーディングの内容の中で何か新しい発見や驚いたことはあったか」という質問を授業中によく聞くので、この2点はいつも事前に考えて、聞かれたらすぐに発言できるようにしました。

授業のディスカッションでは、単に読んできた内容の解釈を確認するだけでなく、内容に対する批判やインプリケーション（表面にはあらわれない意味合い）など、さらに発展させた議論が求められます。

数時間かけて読んで準備をしても、授業中に発言できるのは多くて3回程度で、時間にすると1～2分。きっと触れるだろうと思って読み込んできた部分が、授業中に全く触れられないことも数えきれないほどありますが、先生たちは学生をよく見ています。

あるとき、政治学の先生に「君は毎回リーディングの要点をきちんとノートに取っていて素晴らしいよ」と言われたことがありました。私が授業中に机に広げていたノートを、いつの間にか見ていたようなのです。

膨大なリーディングの量に心が折れそうになるときもありますが、毎日コツコツ積み重ねることで、自分の知識がより広く、深くなっていく過程を身をもって知ることができました。

日本人最大の難関 ―― ディスカッション

「前を向いて静かに先生の話を聞く」という教育環境で育った日本人にとって、海外の大学で英語のディスカッションについていくのは至難の技です。

日野田先生からは「授業中に発言することが、クラスに対する一番の貢献だから失敗を恐れないで」と言われていたものの、渡米直後は一言も発言することができませんでした。「何を発言しよう」「自分の意見は的外れなのではないか」と頭の中で考えているうちに授業がどんどん進んでしまうので、なかなか手を挙げることができなかったのです。

教授にその悩みを相談したところ、「どんな意見であっても、あなたの価値観や視点をディスカッションに持ってきてくれることに意義がある。どんな意見でもいいので、恐れずに発言してほしい」と言われました。

そこで「1日1回だけでいいから発言してみよう」から始めました。「どんな意見でもいい。一言だけでいいから、クラスでしゃべってみよう。それができたら次の授業では2回、それができたら次は3回話そう」と小さなステップを少しずつクリアすることを繰り返しているうちに、気づけば最も発言数の多い生徒の1人として「Participation（授業への参加）」の項目で常にAをもらうようになっていました。

小さなチャレンジを繰り返すことで「できない」ときこそ、小さな成功体験を重ねていく大切さを学ぶことができたと思います。発言は回数が多ければ評価されるわけではなく、ディスカッションを進める上で意義のある発言をすることが求められます。発言をすることに慣れてきたら、回数ではなく発言内容の「質」を上げることに目標を変えました。

大学での授業では、質問も立派な発言です。発言というと、整った主張をしないといけないように聞こえますが、「分からないのでもう一度説明してくれませんか」という質問も大切な発言なのです。

ある教授は「あなたが分からないと思っているときは、少なくとも他に5人は同じように思っているんだよ」とよく言います。「分からない」という発言は、その5人に対しての貢献になるだけでなく、教授も生徒がどこでつまずいているのかが分かるので、結果的に教授に対する貢献にもなるのだと教えてくれました。

今でも授業中に発言するときは手に汗を握り、言い終わった後は、いつも心臓がドキドキします。他の学生が流暢に意見を述べる中で、私は二言程度を言うのがやっとだったり、一度も発言できない日もあります。注目されるのが苦手で、2年生になっても下を向いてノートを見ながら発言していましたが、3年生になったら、前を向いて堂々と発言できるようになろうと思っています。

留学生向けのライティングの授業

1年目に履修して特に役に立った授業は、ペーパー（論文）の書き方を学ぶライティングのクラスでした。大学に入学するまで（日本語を含めて）論文というものを書いたことがなく、自分のライティング力に不安があったので、このクラスを取ることにしました。英語が第一言語ではない人が過半数の、15人ほどのクラスでした。

ライティングといっても、学ぶのは文法だけではありません。

例えば、引用方法など論文を書く上でのマナーや、効果的に自分の主張を伝えるための構成・表現技法も学ぶことができました。

この授業では文学作品を扱うことが多く、作品に隠された作家の意図や隠喩を自分なりに分析し、引用を用いながら自分の言葉でペーパーに書き表します。数十ページのリーディングと、5ページ程度のペーパーがほぼ毎週課されました。

書いたペーパーはまず授業に持ち寄り、クラスメイト同士でコメントを書き合います。そのコメントを元に書き直し、今度は教授に提出します。教授は1枚1枚丁寧に見て、文法ミスやより効果的な表現、もっと説明が必要な部分にコメントを入れて戻します。それを元に再度書き直して、最終版を教授に提出するのです。このように何度もブラッシュアップすることで、ライティングの基礎を身に付けることができました。

日本の高校では、文章を書く機会がほとんどありません。大学でも少ないように感じます。日本の大学で履修した英語の授業で、5ページの期末論文が課されるとなった瞬間、クラス全体が「え〜」と不満を漏らしていたのを思い出します。1学期中にその授業で課されたペーパーは、その5ページ1本だけでした。たった5ページなのに……今ではそう思います。

また、日本語のオンラインの記事などで、引用元がきちんと書かれていないものを見ると、剽窃《ひょうせつ》に対する意識の低さを感じるようになりました。

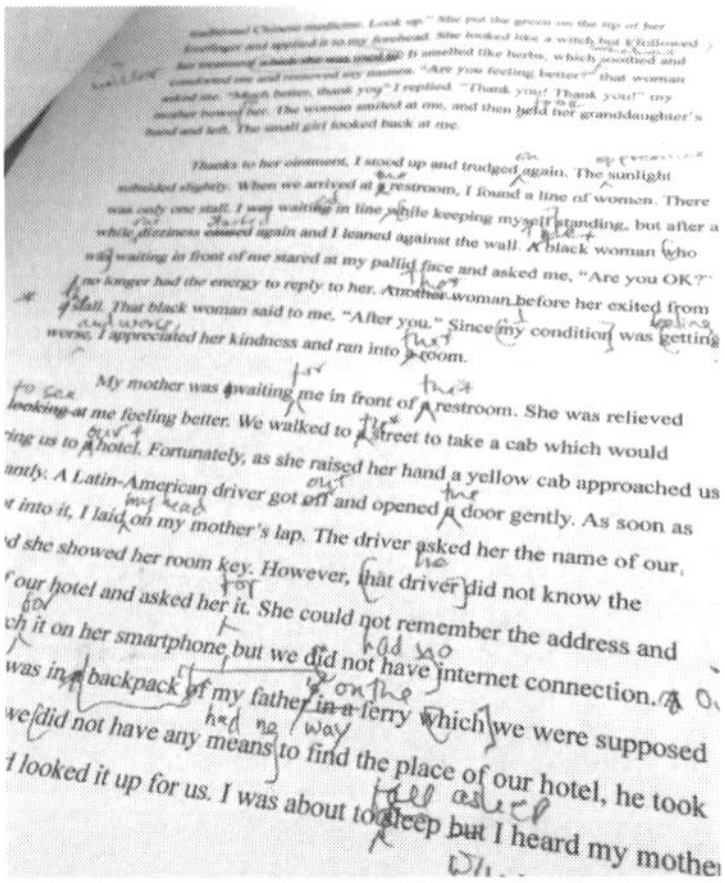

教授からの指摘が丁寧に書き込まれたペーパー

その日本の大学の授業で、過去に他人のペーパーを全てコピペして提出した学生がいたと先生が話していました。驚くことに、「1年生でまだライティングのルールを理解していなかった」という理由から、コピペした学生にペーパーの書き直しをさせただけで、それ以上は罰しなかったそうです。

もしアメリカの大学で同じことをすれば、入学したばかりの1年生であっても、その授業は単位不認定、最悪の場合は退学にもなりかねない事例です。文章を書くスキルやマナーは遅くても高校で、できれば義務教育課程できちんと学ぶ必要があると思いました。

いま私が大学でペーパーを書く際に大いに活用しているのは、ライティング・ワークショップというサービスです。

これは、ライティングを教えるためのトレーニングを受けた上級生が、個別でペーパーの相談に乗ったり、添削をしてくれるサービスです。金・土曜日以外の毎晩、図書館などで1回45分間のサービスを受けることができ、毎日通っても無料です。2週間前からオンラインで予約可能なので、ペーパーの締め切りに合わせて、事前に予約を入れています。

このワークショップに通い始めたころは、1ページに何箇所も文法ミスを修正され、内容が分かりづらいと指摘されることもありました。

ですが2年目になる頃には、文法ミスも1ページに1箇所あるかないかまで減り、内容に関しても指摘されることはほとんどなくなりました。それからは書けば書くほど自分のライティング力が上がっていくのを実感できました。面白いのは、英語での文章力を鍛えると、日本語においても、読みやすく論理的な文章が書けるようになったのです。

効果的に相手に伝わる文章を書くスキルは、どんな場面においても重要かつ、求められるスキルです。大学にはそのスキルを磨くためのリソースが充実しています。

実践を通じて学ぶコンピュータサイエンスの授業

1年目に、週3のコンピュータサイエンスの授業を取りました。2日間は講義、残り1日はラボです。

ラボとは、講義で習ったことを実践に移す場です。習ったばかりの知識を応用しながら、実際に自分の手でコードを書きました。約10人の生徒に対し、教授とTA（ティーチング・アシスタント）と、とてもサポート体制の手厚いクラスでした。

コーディングは、ほんの小さなミスでもエラーが出てしまいます。どこが間違っているのかが自分では気づきにくいので、しばらく考えても分からないときは、手を挙げて教授やTAを呼びます。彼らはどこが間違っているのかはすぐに教えずに、自分で気づけるようにヒントを出しながら導く、という指導方法でした。早く正解を教えてほしいと思うときもありましたが、おかげで自分の頭で考えて答えを見つけられるようになり、同じエラーが出ても次からは自力で解決できるようになりました。

このコンピュータサイエンスの授業では「学ぶ（講義）」⇩「実践する（ラボ）」⇩「学ぶ（講義）」のプロセスを毎週繰り返すことで、コーディングのスキルがみるみる上がっていくのを実感できました。

自分で手を動かし、トライアンドエラーを繰り返しながら学ぶと時間はかかりますが、黒板に書いてあることを写して得た知識よりも、圧倒的に身に付くと思います。

和太鼓の授業

ウェズリアン大学では、アメリカ人の先生による和太鼓の授業を受けることができます。

1年生の秋学期に友人の和太鼓コンサートを観て、「かっこいい！　やりたい！」と思い、春学期にさっそく履修することにしました。

和太鼓を演奏する授業かと思いきや、事前課題としてリーディングと３００語程度の短いエッセイが課され、20分間ほどのディスカッションの後に、ようやく太鼓を叩くレッスンが始まるというクラスでした。

学期前半は、雅楽・能・歌舞伎について学び、「勧進帳」や「越天楽」などの動画を見ました。「序破急」や「起承転結」など日本独特の概念も学び、日本の伝統芸能に密接に関わ

お世話になった和太鼓の先生とのツーショット

舞台で一緒に演奏したときの一場面

る神道、仏教についても議論を交わしました。

学期後半になると、日本における太鼓の歴史、和太鼓がアメリカに伝わった経緯などを学び、皮を扱う太鼓職人たちの職業差別にまで踏み込んだ議論をしました。

日本では、和太鼓に触れたこともなければ見たこともなかった私が、まさかアメリカで和太鼓について学ぶとは思ってもみませんでした。この授業では唯一の日本人だったので、クラスメイトからリーディングの内容について意見を求められたり、質問を受ける機会もありました。その度に自分の知識不足を痛感し、もっと自国の文化について学びたいと思うようになりました。

もし日本に住み続けていたら、あえて自国の文化や伝統を学ぼうと思うこともなく、おそらく和太鼓とは生涯無縁だったかもしれません。

このように自分の国について改めて学ぶきっかけを得られるのも、海外に出る大きな意義の一つだと思います。

「分からない」ということは恥ずかしいことではない

2年目からは、ディスカッション中心の授業を多く履修したことで、リーディングやペーパーの量が格段に増え、1年目よりもかなり負担が増えました。

ですが、波乱万丈だった1年目を乗り越えての2年目です。「さすがにもう大丈夫だろう」そんな軽い気持ちで臨んだ最初の政治学の授業でしたが、蓋を開けてみれば、結局全体の3割程度しか理解できず、授業後に教授に、「授業についていけなさそうなので、履修を続けるべきか迷っている」と伝えました。

伝えながら、1年目と同じことを言っていることに気づいて、「2年生になってもまだ授業についていけないなんて、自分は何も成長していないのではないか」と自分自身に対する苛立ちと情けなさでいっぱいになりました。

するとと教授にこう言われました。

「30%しか理解できなかったということは、君はあと70%もまだ新しく学べることがあるじゃないか。それは素晴らしいことだと思わないか？　もし100%理解できていたなら、君は大学に行く必要はない。まだ知らないこと、分からないことがあるから君は大学に行くんじゃないのかい？」

分からないということは恥ずかしいことではなく、つねに伸び代《しろ》である。

このときの教授の言葉は、今でも私の励みとなっています。改めて授業のポイントをもう一度説明していただき、私はオフィスを後にしました。

その後、2年目の終わりになっても、ディスカッションに100％ついていける日はなく、いつも何かしら分からない部分が必ずありますが、それを伸び代だと前向きに捉えられるようになったのは、この教授の言葉のおかげです。

「授業についていけないときはオフィスアワーに行って教授に頼りまくる」という1年目に身に付けた術を、2年目もフル活用することで、3・4年生向けの授業にもなんとか食らいついていくことができました。

1年目に挫折した経験は、決して無駄ではなく、次のステージにレベルアップするために必要な経験だったと改めて思います。

当たり前が簡単にくつがえる世界

「あなたがもし米国トルーマン元大統領の側近だったら、広島に原爆を落とすことを勧めるか」

これはある日の政治学の授業でのディスカッションの議題です。幼い頃から原爆の恐ろしさを平和学習や修学旅行を通じて学んでいた私は、なんの疑問もなくこの問いに対して「ノー」と考えました。

ですが驚くことに、私以外の全員が「イエス（原爆を落とすことに賛成）」と答えたのです。

この授業は約15名のクラスで、日本人は私1人と中国とアラブ首長国連邦からの留学生が1人ずつ、残りはアメリカ人でした。

クラスメイトのうち半分は広島に投下することに賛成し、残りの半分は「原爆の威力を示すことが目的なら、都市部ではなく、離島など人口が少ない場所に落とすべき」と主張していました。

「富士山に投下して日本のシンボルを破壊することで、戦意を喪失させるべき」という大胆な意見も出た中で、最終的には「アメリカ側の犠牲者を最小限にとどめるためには、早く戦争を終結させなければいけない。そのためには日本領土内への原爆投下が必要」という見解で（私を除いて）満場一致でした。

このときは「大統領の側近」という立場が指定されている上での議論でしたが、それでも今まで当たり前だと思っていた考えが、実はそうではないと思い知らされた私は、ショックを隠しきれませんでした。

この経験をきっかけに、私は様々な「当たり前」を疑う視点を持つようになりました。

例えば、民主主義は近代化の象徴かつ、最善の政治システムであり、一方で独裁主義は「悪」のように一般的には考えられているように思います。

あるとき、中国人の友人と「欧米型の民主主義体制」と「中国の共産党体制」のそれぞれの特性について議論したことがありました。

近年勢いを増すポピュリズム、古代アテネの衆愚政治などを踏まえながら、民主主義の欠陥について意見を交えました。それ以来、以前よりも民主主義というシステムに対して批判的に考えられるようになりました。

このように様々な視点を持つ同級生とのディスカッションを通じて、今まで「当たり前」だと思っていた認識や価値観は、実は共同幻想なのではないか……と疑う視点を日々手に入れています。

批判的思考を鍛えれば鍛えるほど、世界がより複雑に見えてきて、面倒臭いなぁと思うこともありますが、それでも世界に隠されたヒミツを解き明かすワクワク感と探究欲は、抑えられません。

生徒の「学びたい」に全力で応える教授陣

2年生になると、他の授業との兼ね合いで和太鼓の授業を履修することはできませんでしたが、どうしても叩けるようになりたい曲がありました。

先生に「授業外の時間に教えてほしい」とお願いしたところ、毎週月曜日の授業後に、1対1で1時間ほど教えてもらえることになりました。その後、学期末のコンサートでは、練習した曲を披露する機会まで与えていただきました。

「教育」に重きを置いたリベカレであるウェズリアン大学には、教えることに情熱を注いでいる教授がたくさん在籍しています。

ペーパーを書くときには、「この文献を引用して、だいたいこんな感じの主張を書くつもりです」というざっくりとしたアイデアの段階でも、教授は的確なフィードバックを返してくれます。クラスが少人数のため、提出したペーパーに対するフィードバックも丁寧で、良い部分ともっと深く考えることができる部分の両方にコメントが付けられて返却されます。

さらにオフィスに行くと、次回のペーパーをより良いものにするためのアドバイスをもらうこともできるのです。

授業中は時間が足りなくて十分に議論できなかった内容も、オフィスアワーで深く教えて頂き、教授が自分の本棚から、私の興味に関連した本を貸してくれることもありました。

生徒のためなら時間も手間も惜しまない教授たちの姿勢にはいつも感謝しかありません。

「もっと学びたい」と欲すれば、それに応えてくれる教授が集うウェズリアン大学は、私にとって最高の教育環境そのものです。

言語習得への近道とは

4年間ずっとアメリカにいては飽きると思い、3年次に中国に交換留学しようと決め、2年目から中国語を学び始めました。授業は月~金曜日、宿題も毎日あります。毎週水曜日はスピーキングとライティングのテストです。

授業では3ヵ月で300ページ超のテキストを終わらせて、1000語近い単語を頭に叩き込み、学び始めて2週目からエッセイが課されるといった内容でした。日本の大学でも第二外国語の授業は取っていましたが、その進度はアメリカの授業の半分以下だったと思います。

ウェズリアン大学の中国語の授業は、とにかく実践に特化しています。毎日の授業は、6名という超少人数のクラスで、予習範囲の単語や構文を使った質問を教授が投げかけ、それに対して生徒が1人ずつ答えるので、実際の会話のような受け答えが終始続きます。

中国語を初めて習う人向けのクラスにも関わらず、授業の7割以上が中国語で、試験や宿題などの大事な連絡も中国語でした。そのため、必然的にリスニング力が向上しました。

単語、リーディング、ライティング、リスニングは全て予習でカバーし、授業中にしかできないこと（＝即興での会話）のみを授業で行うというスタイルです。また、授業外でも中国人の学生と毎週会って、会話の練習を1時間行い、教授とのマンツーマンレッスンも毎週ありました。

予習復習のために毎日1時間半は中国語の勉強に費やす必要があり、負担は大きかったもののの、その分メキメキと上達しました。

言語学習はアウトプットの機会を十分に設けること、毎日その言語を使うことが上達への最短の近道だとつくづく実感しました。

日本でよく「中高6年間も英語を勉強したのに全く話せない」というのは、アウトプットする機会が圧倒的に足りていないからではないかと思います。

そして私は休学を決めた

大学3年生への進級を目前に、私は1年間の休学を決め、2020年8月末まで東京でインターンをすることにしました。なぜそのような決断に至ったのかを最後にお話しします。

忙しい日々の中で、2年生に入った頃からなんとなく大学生活に対してモヤモヤを感じるようになっていました。このときはまだ、その理由が自分でもよく分かりませんでした。

ある日、社会学の授業で、ドイツの思想家カール・マルクスの『資本論』を読んだときのことです。資本主義社会において単純労働を繰り返して疲弊していく労働者の姿が、妙に自分自身と重なったのです。

当時の私は目の前の課題を1つずつ片付けることに邁進しつつ、なんとなく心身がすり減るような感覚がありました。

それでも、山のようなリーディングをこなして、無遅刻無欠席で授業に出席し、課題をちゃんと提出して、良い成績を修めることが自分にとってのゴールでした。

言い換えると、大学に行くことが「目的化」していたのだと思います。本来、学校に行って教育を受けることは「目的」ではなく、自分の夢に一歩近づくための「手段」であるはずです。

それがいつの間にか、真面目に勉強して良い成績で大学を卒業することが「最上位の目的」になっていました。
なぜ自分は大学に行っているのか分からない。それに気づいてからは、まず「将来自分は何がしたいのか」を見定め、次に「それを実現するためには、どのように大学生活を送るべきか」を考えようと思ったのです。

憧れと気合でアメリカの大学に進学してからの2年間は、勉学、課外活動、友人付き合い、インターンなどあらゆる面で充実していましたが、あまりにも忙しく、これらのことを考える余裕がありませんでした。
学生という時間は、フルタイムで学びに注力できる貴重な時間です。この限られた時間に大学のリソースを最大限活用するために、いったん大学から離れて、「自分は将来何をやりたいのか」を、落ち着いて考える時間をつくりたいと思い、1年間休学することを決めました。

学ぶことと同様に、働くことも「手段」だと私は考えています。その仕事を通じて自分は何を成し遂げたいのか、どんな生き方をしたいのか。これからキャリアを築いていく上で、この問いを常に自分に問い続けていくつもりです。

奨学金を受給しているということもあり、1年間の休学後は大学に戻りますが、極論を言うと、夢を叶えるうえで、学校に通うことよりも良い手段があるなら、そちらを選んでもいいはずです。

つまり、学校に行かないという選択肢もあるのではないかと思っています。フェイスブック創業者のマーク・ザッカーバーグも、アップル創業者のスティーブ・ジョブズも、マイクロソフト創業者のビル・ゲイツも、大学を中退しています。

いったん社会に出てみて、学びたいことが見つかってから、学校に戻ってきてもいい。不登校問題やリカレント教育（社会人の学び直し）もそのような視点で考えてみてもいいのではないでしょうか。

2020年9月に大学に戻るときに、休学という決断をした自分を心から褒められるような1年間を過ごそうと思っています。

私自身の話は一旦ここで終わりますが、私の人生は今も現在進行形です。

全ての人がそうであるように、私もまだ見ぬ未来へ向かって旅の途中なのです。

番外編

私のTOEFL&SAT勉強法

◇TOEFL〈リーディング編〉

リーディングのキーポイントは、「読むスピード」と「語彙力」に尽きます。

スピードは、読めば読むほど速くなるので多読をお勧めします。多読をする際は、日本語に訳して読もうとせず、英語をそのままで理解するように心がけてください。

分からない部分は毎回辞書で引かずに、前後の文脈から推測する癖を付けることも大事です。

語彙力を磨くために使ったのは単語帳です。市販のTOEFL用と、自分で作ったもの（リーディングやリスニングの例題から自分が知らない単語をまとめたもの）の2冊を持っていました。単語帳に類語や対義語を書き込んでおくと、スピーキングやライティングの際に語彙の幅が広がるのでお勧めです。

使い方は、最初のページから順番に単語を見ていき、パッと単語を見て意味が分からなければ、次の単語に移るだけです。意味がすぐにわかった単語にはどんどん×印を付けて、1ページ5秒くらいのペースで早く回していきます。どちらの単語帳も全ての単語に×が付くまで、何周もしました。

リーディングの問題を解くときは、先に問題を読んでから該当する段落を読むのが効率的です。TOEFLのリーディング問題の多くは、どの段落に答えが書かれているかが親切に記載されているので、ぜひ活用してください。

◇TOEFL〈リスニング編〉

TOEFLの勉強を始めたときに、最初に力を入れたのはリスニングです。というのも、高2で初めて受験したTOEFLでのリスニングのスコアが、30点中4点と極端に悪かったからです。「試験中にパソコンが壊れたの?」と草太先生から言われたほどでした。

それからは、歩いているときや電車に乗っているときなど、移動の時間はひたすらリスニング問題の音声を聞くようにしました。

飽きたときにはTEDトークや、YouTubeで関心のあるトピックの英語動画を観賞し、1日最低2時間は英語を聞くようにしていました。

それにシャドーイングを組み合わせることで、1年間でリスニングのスコアを20点上げることができました。シャドーイングは、音声を追いかけながら声に出して復唱する学習方法で、スピーキング力の向上にも繋がるので超オススメです。

◇TOEFL〈スピーキング編〉

TOEFLの試験では、受験者がパソコンに向かって話した声を録音し、その録音された解答が採点されます。

練習問題を解く際には、自分の解答をスマホで録音して聞き直しては、聞き取りやすい話し方になっているかを確認したり、草太先生に録音した音声を渡して、フィードバックしてもらうこともありました。

問題は一度解いたら終わりではなく、どの問題も納得のいくまで解答をブラッシュアップしては録音し、繰り返し磨き上げました。

◇TOEFL〈ライティング編〉

TOEFLのライティングでは語彙の幅と文法の正確さに加え、どのように主張を展開していくかという論理構成も大切です。

基本構成は以下の「ファイブ・パラグラフ（5段落）構成」を私は使っていました。

各ボディはトピックセンテンスで始まり、そのあと具体例、最後にコンクルーディングセンテンスという型を叩き込みました。大学でのライティングも基本的にこの型を用いて書いています。

トピックセンテンス	具体例	コンクルーディングセンテンス
・そのパラグラフで主張したいメインポイントを明確に述べる	・メインポイントを説明するための具体例を述べる	・トピックセンテンスをパラフレーズ（言い換え）してもう一度述べる

テンプレートの活用も重要です。ネット上でたくさん見つかるので、一番使いやすいテンプレートを使って練習問題を何度も解き、テンプレートを暗記してテスト本番に望むことをお勧めします。誰が読んでも分かりやすい主張になっているか確かめるために、書いたエッセイは誰かに見てもらうのが必須です。

◇SAT

SATには、Reasoning Test と Subject Tests という2種類のテストがあります。Reasoning Test は、「英文読解・文法」と「数学」が800点ずつの試験で、ほぼ全てのアメリカの大学の出願に必要です。

トップレベルの大学を受験するには、Reasoning Test に加えて、Subject Tests のスコア提出が求められることがあります。Subject Tests は文学、世界史、物理学など、約20の専門科目から2~3科目を選択して受験します。

2つのテストを同時に勉強するのは大変なので、私は高2の間に Subject Tests で高得点を取り、高3は Reasoning Test に集中しました。

◇SAT〈Reasoning Test 英文読解・文法編〉

基本的にはTOEFLのリーディング対策と同じですが、TOEFLと違う点は、難解な語彙は捨てることです。

TOEFLは英語が母語国ではない人向けのテストなので、SATよりも圧倒的に語彙のレベルが低くなっています。
しかし、SATの場合はアメリカ人でも見たことがない単語が文中に出てきます。物質名や地名などのマニアックな専門用語や固有名詞は潔く捨て、何度も出てくる頻出単語に絞って覚えていくことをお勧めします。

文法問題は出題傾向がはっきりしており、例えば時制やコンマ、セミコロンの使い方、接続詞を問う問題が頻出します。「Free Official SAT Practice Tests」とネット検索すると、公式の練習試験が10回分無料で公開されているので、一通り解いて、出題傾向を掴むことから始めてみてください。

◇SAT〈Reasoning Test 数学編〉

問題自体の難易度は非常に低く、数学の英単語さえ覚えれば得点できます。私はまず参考書を見ながら数学の単語だけ集めた単語リストを作っていました。

単語が頭に入ったら、見直しや検算ができる余裕を確保した時間配分を設定し、その時間配分のもとで練習問題を繰り返し解きました。

◇SAT〈Subject Tests 編〉

日本人にとっては、数学と自然科学系が得点しやすい傾向があり、私は数学と化学を受験しました。どちらの科目も参考書を2冊ずつ購入し、交互に何周もしました。

数学には数Ⅲ（理系受験生のみが学ぶ範囲）の領域が含まれていたので、文系だった私は、数学の先生に頼んで数Ⅲを教えてもらいました。同じように化学も半分近くが理系向けだったので、問題を和訳して化学の先生に教えてもらいました。

アメリカ以外の進学先国

本書ではアメリカの大学生活を著しましたが、アメリカ以外にも進学先の選択肢はたくさんあります。

私の場合はアメリカの大学17校に加え、日本の大学3校、オーストラリアの大学3校に出願しました。特にオーストラリアの大学は世界的に評価が高く、メルボルン大学は世界大学ランキングでは東大や京大よりも上位にランクされています（参照：Times Higher Education World

University Rankings 2020)。

オーストラリアの大学の魅力の一つが、「ファウンデーションコース」という呼ばれる半年間〜1年間の大学準備コース（大学0年生）が設けられている点です。

ファウンデーションコースでは、大学の授業レベルについていくための英語力やペーパーを書く力などの学習スキルを身に付けることができるので、英語で教育を受けたことがない人にとってはお勧めの選択肢です。

ファウンデーションコースの出願に必要なものはTOEFL iBT／IELTSのスコアと高校の成績のみで、必要なスコアも低く設定されており、TOEFL iBTで60点程度、IELTSで5・5程度と、アメリカより出願のハードルが低いのが特徴です。

オーストラリアの学部課程は通常3年間なので、ファウンデーションコースに1年間通っても4年間で卒業できます。学費は年間250〜400万円と、アメリカの私立大学の半額ですが、奨学金制度に関してはアメリカの方が充実しています。

カナダも人気の進学先国で、学費はオーストラリアと同じくらいです。ヨーロッパの大学は歴史的な大学が多く、学費が格段に安いので、学費を抑えたい場合には選択肢に入れてもいいかもしれません。また、学費と物価が格安な東南アジアも選択肢の一つです。特にマレーシアは英語が広く通じ、トップのマラヤ大学の学費は年間たったの30～60万円ほどです。台湾や中国本土では、英語だけで卒業に必要な単位が取れる大学や、入学時に中国語の入学基準を課さない大学も増えてきているようです。

あまり知られてはいませんが、中東は欧米の大学にとって注目の進出先になっています。

例えば、ニューヨーク大学はアラブ首長国連邦の首都アブダビに分校を持っています。カタールの首都であるドーハには、「エデュケーション・シティ」と呼ばれる教育都市があり、カーネギーメロン大学、ジョージタウン大学、ノースウェスタン大学などの米国の名門大学に加え、ロンドン大学やＨＥＣ経営大学院（フランス）などのヨーロッパの名門校も分校を構えています。

……と、ここまで海外大学のことを中心にお話ししてきましたが、日本の大学にも、もちろん良さはあります。

まずは、自由時間が多いこと。アメリカの大学ほど膨大な課題が出ることは稀で、成績に対するプレッシャーも比較的少ないので、課外活動やインターンには打ち込みやすい環境です。

あとはなんといっても学費の安さです。母が冗談で「ウェズリアン4年分の学費で、日本の国立大学に48年間行けるわよ」と言っていました。

留学に興味のある人は、様々な国の様々な大学を比較しながら、自分のニーズにピッタリと合う環境を選んでください。

日米併願は想像しているよりも難しくはない

アメリカの大学を受験するときに、滑り止めとして日本の大学を併願するケースがよく見られます。

一見すると大変そうに思えるかもしれませんが、「日米併願は想像しているよりも難しくはない」というのが、実際に日米併願を経験した私の実感です。

むしろ海外の大学を併願することで、日本の大学入試を有利に進めることができる可能性があります。その理由は3つです。

第一に、海外大学の受験では高校3年間の成績が重要なので、必然的に高1・高2から学校の勉強を頑張らなくてはいけません。多くのアメリカの大学は出願締め切りが1月上旬のため、センター試験はほとんど勉強せずに受験しました。それが自己採点してみると予想以上に良い結果だったので、国立大学を急遽受験することにしたのです。

予想以上に良い成績が取れたのは、高3になる前から学校の勉強をコツコツとしていたからだと思います。

同級生の中には、焦って高3から突然勉強し始める人をたくさん見かけましたが、センター試験に出る問題の半分以上は高1・高2で学ぶ範囲から出るといわれていました。

2020年度から実施される大学入学共通テストへの移行に伴って問題傾向は変わるかもしれませんが、高1・高2で身に付ける基礎力は引き続き重要であることは間違いありません。各大学の個別試験の問題を解いていても、高1・高2で習う範囲を応用して作成されていると感じました。

つまり、高3でエッセイやSAT等で忙しくなっても、それまでの学校の勉強をきちんとしてさえいれば、国内大学の対策も早くスタートラインを切れるのです。また、学習習慣を身に付けておくことで、高3になってからも効率よく勉強を進められると思います。

第二に、TOEFLやSATの問題を解いていると、日本の大学入試の英語を簡単に感じるようになることです。センター試験レベルの英語であれば満点を取れることはもちろん、個別試験でも周りと得点差を付けることができます。

最近はTOEFLなどの英語試験で、高得点を取ると加点する日本の大学も増えているので、海外大学受験のためにスコアを取得しておけば、日本の大学入試も有利に進めることができると思います。

第三に、海外大学の受験は日本のAO入試と相性の良いことが挙げられます。

AO入試は、高校の成績や課外活動等を見るという点で、アメリカの大学入試と似ています。つまり、アメリカの大学に出願するための必要な書類をそのまま使えるので、日米の大学をAO入試で併願するケースも珍しくないのです。

海外の学生の就活事情

海外大生が最も関心の高いのは、やはり就活です。

アメリカの大学は夏休みが3ヵ月もあるため、1年生からインターンをする学生も多く、友達と話していると「卒業後の進路はどうするの？」「今年の夏休みは何をするかもう決めた？」とよく聞かれます。

アメリカの大学を卒業した、私の周りの日本人の多くが日本で就職しており、アメリカ国内に留まって就職したり、大学院や研究職に進む日本人は少数です。

アメリカから日本に戻ってくる学生が多い理由の一つに、就労ビザを取得することの難しさがあります。アメリカの大学を卒業した留学生には、OPT（Optional Practical Training）と呼ばれる労働許可が与えられます。

ただし、このOPTは12ヵ月間という有効期限付きで、専攻がSTEM（Science, Technology, Engineering, and Math）の学生のみ、最長24ヵ月間の延長が可能です。

OPTの場合は、大学で学んだ専攻分野と関連する業種で働く必要があります。OPT期間後もアメリカに残って働きたい場合はビザスポンサーとなる雇用主を見つけなくてはいけませんが、就労ビザの申請には手間と高額な費用がかかるため、全ての企業がビザのサポートに前向きなわけではありません。

たとえスポンサーとなってくれる雇用主が見つかったとしても、アメリカ政府が発行する就労ビザの発給数には上限があり、審査基準も厳格なため、必ずビザが取れるとは限らないのです。

このように卒業後にアメリカで働くには様々な制約がありますが、大学のキャリアセンターを活用したり、自分で情報収集をしたり、卒業生のコネクションを使うことで、アメリカでのインターンやフルタイムの仕事を得ている日本人学生もいます。

日本での就職を希望する海外大生にとって最大の就活イベントが、毎年11月にボストンで開催される「ボストンキャリアフォーラム」です。

このイベントは日英バイリンガル対象の3日間の就職フェアで、2018年には230社の企業と1万人の学生が一堂に会しました。

海外大生は日本に帰国できる時期が限られており、国内の学生と比べると、会社説明会や選考に参加できるチャンスは限られています。そのため、複数の企業の選考を同じ場所で受けられるだけでなく、3日間で内定も貰える可能性のあるこのイベントは、海外大生にとって最も重要な就活の場になっています。

新卒のフルタイムの採用が中心ですが、一部の企業はインターンの選考も行なっています。私もこのイベントで夏の長期インターンの内定をもらいました。このイベントのためだけに、ヨーロッパやアジア圏の大学からわざわざやってくる人もいるほどで、ボストンの至る所で黒いリクルートスーツ姿の学生を見かけます。私もその1人だったのですが、タクシーの運転手の人に「この週末は大規模な宗教の儀式でもあるのか」と聞かれました（笑）。

企業側にとっても、グローバル人材を獲得できる場なので、人事担当者だけではなく、社長・副社長レベルの幹部社員がわざわざボストンまで来る企業も少なくありません。

社員を派遣し、一流レストランで学生にディナーをご馳走し、出展料まで払う……といった多額のコストがかかりますが、参加企業数は年々増加しています。それほど、このイベントは学生にとっても企業にとっても貴重な出会いの場のようです。

「海外の大学に進学すると就職できるか心配」という相談を時々受けますが、それは杞憂だと思います。このイベントの様子を見る限りでは、国内での就活以上に売り手市場のように感じます。

その一方で、アメリカの自由でフラットな文化に慣れた学生が、日本の伝統的な企業文化に馴染めず、就職後にすぐにやめてしまう「ミスマッチ」が珍しくありません。

3日間で内定まで繋がるのは、多忙を極める海外大生としてはありがたい機会ですが、企業説明会や社員との交流会に参加できるチャンスが限られるため、企業文化や仕事内容を深く理解しないまま就職してしまうことが、ミスマッチの大きな要因のようです。

海外大学を目指す中高生とその保護者、先生方へ

◇中高生の方へ

周りの大人に海外大学進学を反対されたら!?

「海外の大学に進学をしたい」と話すと、親や学校の先生に反対されることがあるかもしれません。そのときに大切なのは、「大人は自分のことを理解してくれない」と反発するのではなく、きちんと説明責任を果たすことだと思います。

親や先生が反対するのは、海外の大学がどんな環境なのか、どうやって出願するのか、奨学金制度は整っているのかなど、分からないことがたくさんあり、不安になるからだと思います。

幸せな人生を歩んでほしいと思っている親や先生にとって、よく分からない選択肢に子どもが進むのは不安で、反対するのは自然なことだと思います。

それを理解した上で、出願方法、学費、奨学金制度、大学の環境などを丁寧に説明し、不安を取り除くことは、子どもの義務です。

海外の大学に進学した私の友人は、日本の大学ではなく海外の大学に行きたい理由を親の前でプレゼンテーションをしたと言っていました。念入りに情報収拾をし、きちんと周りの大人とコミュニケーションを取り、説明責任を果たすことから全てが始まります。

また、先生にもどんなサポートが必要なのか、いつまでに推薦状が必要なのかなどもきちんと伝える責任があります。

もちろん自分だけでは分からないこともたくさんあると思うので、海外進学関連のイベントに親や先生と一緒に参加するなど情報を集めてみてください。

◇保護者の方へ

自分の子どもに「海外の大学に行きたい」と言われたら!?

①一緒に情報収集をしてください
もしお子さんが「海外の大学に行きたい」と話したときには、まずは一緒に情報収集をし

ていただければと思います。

海外進学関連の説明会に登壇していると、お子さんだけで来ている姿をよく見かけますが、私としては、ぜひ親子で参加してほしいと思っています。

「どうせ無理」よりは、「どうしたら行けるかな?」と一緒に考えてもらえればと思います。

②子どもと積極的にコミュニケーションを取ってください

「日本の大学でいいじゃないか」「お金がかかるから無理」と頭ごなしに否定する前に、「どうして海外の大学に行きたいの?」「お金はどうするの?」と建設的な質問をたくさんしてほしいと思います。

学費に関しては、「うちの家庭の年収は○円だから、年間○ドルまでなら負担できる」といったように、シビアですが明確な数字を提示してあげるといいと思います。

私も受験期には、両親の収入証明書や銀行残高を見た上で、どこまで自己負担できるか話し合ったのを覚えています。

お子さんと率直にコミュニケーションを取りながら、最善の進路とそれを実現する方法を一緒に探してみてください。

③子どもの自主性を尊重してください

海外大学を受験する際に、出願校選びから出願書類の作成まで、親や塾の先生が全てやってしまうという話を耳にします。

海外留学関連の説明会でも、お子さん本人よりも親御さんの方が熱心に質問を聞かれる場合がありますが、留学生活を送る上で、自分で決めて行動する自主性は不可欠です。

私の場合は、放任的な両親のおかげで自然と自主性が育まれました。両親から「勉強しなさい」と言われたことは、生まれてから一度もありません。定期テスト前日にＵＳＪに遊びに行っていても、何一つ怒られませんでした。「勉強しなさい」と言う代わりに、テストで良い点を取ったらとても褒めてくれたので、褒められるのが嬉しくて自分から勉強していました。

奨学金申請書類の準備など最低限のことだけサポートし、あとは子どもに任せることで、留学前から自主性を鍛えていただければと思います。

また、助けを求める力も留学生活では必須です。子どもが助けを求めるまでは何もせず、求められたら可能な限りのサポートをする。結果的には、それが子どもに対する最良の応援になると思います。

◇学校の先生へ

生徒に「海外の大学に行きたい」と言われたら!?

①一緒に情報収集をしてください

一昨年に大阪で開催した柳井正財団海外奨学金の説明会では、約90名の方にご来場いただきましたが、そのうち学校の先生は5、6人前後でした。翌年に東京で開催した際も、教員の方の参加率は1割未満でした。

もし、海外大学への進学を希望している生徒が1人でも周りにいる場合には、こういった説明会へ生徒と足を運んで、一緒に情報収集をしていただければと思います。

情報収集においては、現役の海外大生も最大限活用することをおすすめします。

以前、地方の私立中高一貫校に講演に招かれたときのことですが、生徒対象の海外進学のプレゼンだったにも関わらず、先生方も熱心に聞いてくださり、生徒以上にたくさん質問をされていたのが印象的でした。

②分からないことは分からないと伝えてください

膨大な業務を抱え、説明会に足を運んだり海外大学の情報収集をする余裕がない先生方がほとんどだと思います。

そうであれば「海外大学のことはよく分からないから教えてほしい」と生徒に率直に伝えていただければと思います。

生徒に対して「教えてほしい」と言うのは、先生としては違和感を感じるかもしれませんが、いつまでに推薦状を書けばいいのか、どうやって推薦状や成績証明書を提出したらいいのかなど、分からないことはぜひ生徒に聞いてください。生徒にはそれに答える義務があります。

先生だけで背負いすぎず、「海外大学受験はよく分からないから反対する」のではなく、まずは分からないことを生徒本人に聞くことから始めていただければと思います。

本書によせて

地方公立校から海外トップ大学に合格した理由

日野田直彦（前大阪府立箕面高校　校長）

1977年生まれ。帰国子女。帰国後、同志社国際中学校・高等学校に入学し、当時の日本の一般的な教育とは一線を画した先進的な教育を受ける。同志社大学卒業後、2000年に大手進学塾・馬渕教室に入社。08年には奈良学園登美ヶ丘中学校・高等学校の立ち上げに関わる。14年、大阪府の公募等校長制度を通じて大阪府立箕面高等学校の校長に着任（着任時、36歳で大阪府立高校としては最年少校長）。着任4年で、海外トップ大学への進学者を多数出すなど、顕著な進学実績を残した。18年4月より経営の傾いた私学であった武蔵野大学中学校・高等学校校長に着任。初年度から生徒募集を倍増させ、学校の建て直しに成功する。

教育改革、組織改革、グローバル教育の第一人者。著書『なぜ「偏差値50の公立高校」が世界のトップ大学から注目されるようになったのか!?』（IBCパブリッシング）がAmazonにてベストセラー。

言葉にならない想いをもつ子

山本さんに「君ならできる」と言ったときのことは、今でも覚えています。たしか彼女が高校1年生の冬だったと思います。

長年現場で教員をしてきた経験から、だいたい目を見れば分かるものです。そういう生徒の目には力がある。意志の灯った目です。

2018年から東京に住むようになり、一番印象的だったことは、「目に力がない人が多いこと」です。地方から東京に出てこられた方には共感していただける部分があるかもしれません。また一方で、東京にお住まいの方は不満を持つかもしれません。ただ、素直に感じるところであり、東京に、そして日本に力がなくなってきた原因なのかもしれないと思います。

東南アジアの勃興する国々の首都と比べても東京は整然とし、とても綺麗で安全な環境なのですが、カオスでイノベーションが起こる雰囲気を持っていないように感じます。また、他人に興味がなさすぎることにも驚きました。流行ばかりを追いかけて、自分の意志を持つ人が少ない印象です。

例えばタピオカが流行っていますが、子どもたちの話を聞くと、特段おいしいというよりは、みんなが飲んでいるから会話に入れないことが怖くて飲んでいるというのです。要は会話に合わせるためです。

結局のところ、どんな学校、どんな地域、どんな国に行ったとしても、私が見るところは変わりません。やる気やワクワクする想い、そういうものを持っている目とそうでない目は明らかに違います。

あの年の箕面高校でいえば、山本さんにはそれがはっきりと出ていました。もう1人、小山君という生徒もそうです。他にも何人かいました。

箕面高校の教員に「この子は多分海外に行けるはずだ」と話しました。確信があったわけではありませんが、「直感で分かるからこの生徒を独り立ちできるように見てほしい」と頼んだことを覚えています。

こういうときは、成績自体はあまり見ていません。積極性と目くらいでしょうか。

要は自分から来る、自分の意志を持つ生徒です。何かを本気で変えたい子どもは、自分から行動を起こします。

意志があり、想いを伝えたい、言葉にならない言葉を持っている。結局残るのはそういう生徒です。

子どもを子ども扱いしてはいけない

アメリカの海兵隊の言葉に『臆病者には弾が当たる』という言葉があると聞いたことがあります。

例えばドッジボールで、弱気になっている人はすぐに悟られてボールも当てやすい……という経験を皆さんもお持ちではないでしょうか。戦場でいうなら強気な兵士には弾が当たらない、という言い方になります。

山本さんの最初の大学の出願リストを見たとき、「最初からだめだと勝手に決めているのなら、受けるのはやめなさい」と伝えました。

「そんな風に手を抜き、臆病になっている生徒と、どうして真剣勝負をしなくてはいけないのか。『他人の時間を使う』という言葉の意味を理解しなさい」と、かなりきつい言葉で指導したことを覚えています。

私は生徒を子ども扱いしません。特に海外進学の指導で生徒を子ども扱いすると、たとえ大学に合格できたとしても、おそらく授業についていけません。いや、そもそもどれだけ鍛えてもついていけないのがアメリカなどの世界のトップ大学です。そのため、自分からオフィスアワーなどに、しつこく質問をするために通い続けるレジリエンス（あきらめない心）が必須となります。

実際に海外のトップ大学に進学してから、ドロップアウトする生徒が多い理由はここにあります。

大学側は成長しつづける人たちを求めています。他人に依存し続ける人や指示待ちの人、「安定」などという幻想を言って現実から逃げている人は、世界で活躍する人材として求められていないのです。

山本さんには「世界にはもっとタフな人がいっぱいいる。この程度の問いに耐えられないくらいなら行かないほうがいい」と言いました。

いわゆるチャレンジ校と押さえ校、その間の3種類で決めておいでと言ったのが、全部押さえの大学のようなラインナップだったので、見たときは私自身もショックを受けました。「本当に君が行きたい大学なのか？　ここで何がしたいんだ？」と聞いてもはっきりと答えなかったので「もしかすると、無難なラインでまとめたのか？」とも聞きました。

ここから彼女がどのように自分と向かい合い、行動したかは本書にある通りです。

「しつこい」は褒め言葉

海外大学受験を乗り切るモチベーションを維持するために、先生側としてできることは、定期的な応援と、現在どこまで進んでいるかが分かるマイルストーンの提示です。あとどれくらいやれば届くのかを示すこと。もしそれが分からなければ誰かに聞いたらいいと思います。他の先生でも親でもいい。また今の日本には、そういったことを聞ける人は結構います。先生が1人で抱えないというのがポイントです。

私自身のことでいうと、アメリカの事情ならまだ多少分かりますが、オーストラリアやマレーシアのことはアメリカほど詳しくない（帰国子女として友人たちの話から大体は理解しているが、紙一重のラインが分かる「プロ」とは言い切れない）ので、大使館や領事館、留学エージェントに電話を何度もかけ、信頼できる人を自分で探しました。

オーストラリアの領事館には教育担当官がいるのですが、多忙なのでなかなかつながりません。こんなときは、つながるまでしつこくかけ続けるのです。日本では、しつこいのはあまりよくないというイメージがありますが、海外ではその逆です。

しつこさと粘りは褒め言葉であり、やる気がある証拠として認められる行為なのです。

山本さんがウェズリアン大学のウェイティングリストに入ったとき、エッセイやポストカードを送りなさいとアドバイスしましたが、そのときも「気持ちが悪いくらい送ってちょうどいい」と話しました。

うざい、きもいと言われたら「あ、褒めているんだな」と思ったらいい。私自身も学んでいた先生にそう言われて「本当かな？」と思いながら、同じようにしてきた経験があります。

なぜ海外大学に合格できたのか

山本さんがアメリカの大学に受かった理由はいくつかありますが、第一に学校の勉強を手を抜かずにやっていたことが挙げられます。海外の大学は、特にGPA（学校の成績の平均）をまず見ます。日々の授業を大事にしない、学校から信頼されていない人を評価することはありません。

第二に、心を閉ざさなかったこと。エッセイに取り組む際には他者批判ではなく、自己理解と自己批判、要は自分と対話し、自分を理解し、自分自身を客体化して深掘りをしつづけることになります。

これは非常に苦しいことであり、自分が知らなかった自分を知り、それを言語化し続ける。それを数百パターンにまで広げ続ける必要があります。そのためには、自分を何度も塗り替えないといけません。自分という殻をぶち壊して一歩も二歩も深く掘り下げなくてはいけないのですが、彼女の場合、そこから逃げなかったからだと思います。

第三は、相手からフィードバックを素直に受け取れるようになったことです。

この「素直に受け取る」が一番難しいと思います。世界中のどんな人でも、そして特に日本人はフィードバックを受ける経験が少ないため、「でも」や「だって」を使いたがるからです。それは一体誰のために、何のために否定するのでしょうか。素直に聞いて行動することは、自分自身を乗り越えていくためです。それが分かっていれば、「でも」「だって」と否定する必要はないと思います。

海外に進学した子どもたちを見ていると、進学してからも成功している生徒、進学してから失敗する生徒、あるいは卒業してから失敗している生徒もいます。

日本でも海外でもおそらく共通していることだと思うのですが、人から言われたことを素直に受け取れるか、まずは腹に入れて自分で消化することができるかどうかが、成功と失敗の分かれ目になると思います。

日本では働き出してからようやく向かい合うという感じですが、海外ではこういった振舞いを17歳から、いや小学生のころから求められます。このような環境の違いが、精神的なレベルの差に繋がっているのではないでしょうか。

本来、日本においても「禅問答」の文化がありました。

一時的に復活しかけた兆しもありましたが、恐らく近代日本の学校教育において、結局高度経済成長期のベビーブームと学校・教員不足から発した「教育（受験）効率主義」がそれを排除してしまったと思います。

文化的には元々日本人に備わっているものですから、もう一度見直すことが大切だと思います。

もう一つ、これは先生や生徒と何かをつくったり、フィードバックを求められるときですが「１００％ないしはそれ以上の完成度の高いものを見せなくてはいけない」という思い込みがあるように思います。

私の場合は、とんでもなく汚いメモでいいから、そのまま持って来てくれたほうがいい。完成度は低くてもいいのです。できれば、頭の中が知りたいので、マインドマップやコラージュなど、キーワードをちりばめた絵や図などがいいかもしれません。イメージとしては、20〜30%のコンセプトレベルのものを「とりあえず持ってきました！」くらいの状態が一番素晴らしいと思います。

私は「ぐちゃぐちゃの状態から一緒に料理をしよう。だから気にせずもっておいで」と常々話しています。それでも簡単にできる人はなかなかいません。

当時の山本さんも、草太先生と私に「何回言ったらプライドを捨てるんだ！」としょっちゅう怒られていました。そのうちに「もう分かりません、もう無理です」という状態でアイデアを持ちこむようになりました。

私たちからすると、それで「正解！」なのです。特に若いときに「自分」や「完成型」が分かるわけがありません。彼女はそうやって自分のプライド（殻）を乗り越えたのだと思います。

まさに守破離の世界で、まずは型を覚えることです。そのためには師匠の型を丸ごと真似した方が早い。でも今の子どもはそれがなかなかできません。親も子どもも先生も、「オリジナリティ」や「個性」という言葉に縛られて、「ゼロ」から自分で全部やらなければならないと思っています。

でも誰もそんなことは言っていません。勝手に思い込んでいるだけです。「1人で頑張れ」とは、誰も言ってはいないのです。

私もかつて「オリジナリティ」に固執した時期がありました。ただ、若いときには限界があります。まずは師匠を見つけ、その人の「型」を覚え、それをマスターしてから、自分なりの方法で少しずつ変化させていく。それこそが日本人の強さなのかもしれません。人によってやり方はいろいろあると思いますが、おそらくそれが一番早いように思います。

こういったことは数学の「公式」を覚えるところから、と似ているのかもしれません。

「海外に行きたい」と思う背景とは？

「人は自らが経験したことからでしか判断できない」とある高名な方が言いました。

「海外に行きたい」「海外進学をしてみたい」と思うきっかけは、どのように作ればいいのか？　学校や先生方、保護者の皆様から多くの質問をいただきます。これには、手順が必要になります。

まずは、興味を持ってもらうこと。

私の場合は、小さな体験を踏んでもらいます。具体的にはエキストラカリキュラムとして、土曜講座や通常授業の一部で海外の大学生の話を聞かせたり、サマープログラムで定期的に海外の大学に連れて行って、世界最高レベルの楽しいプログラムを受けさせます。

そこにジョインしてみたいと思わない限り、モチベーションが続きません。

海外大学に進学しようとすると、日本の大学入試以上に自己と向き合う厳しい受験と、大学生活が待っています。目的や想いを醸成する機会をもつことが非常に大切です。

次に、本当に自分がしたいことが「海外」にしかないのか？　を考えてもらうこと。これも前記と同じく、そのようなことを考えるワークショップなどを学校の授業内外で設定します。また、自らの深掘りを定期的に行ったり、外部のプレゼンコンテストなどに出場し、アウェイでの経験を通して、自らと向かい合う機会を増やします。

そして最後は、海外大学へ進学するために必要なスキルとナレッジを身に付けること。日本の大学入試とは全く異なったコンセプトでの入試に始まり、入学後の大学の目的の違い、国家の成立から大学の目的、世界をどのように捉え、導こうとしているのか？　といった根源的な知識を付けた上で、自分がどこに合っているのか？　どこなら4年間苦しい想いをしてでも学びつづけたいと思うのか？　世界にどのように貢献できるのか？　などを少しずつでも考えつづけてもらうようにします。

このように、子どもたちを海外にどうやって進学させるか？　という話になると、現場はどうしても「受験対策」という考えに陥りがちです。そうなるとノウハウやコンテンツが先行してしまいますが「マインドセットは変わらないのに、スキルだけ身に付けたところで、ただの木偶《でく》の坊にしかならない」というのが私の考えです。魂が通らないところに学びはありません。

また、パーパス（目的）とパッション（情熱・想い）は重要です。目的意識、社会貢献、世界にどう関与するか、といった部分に大きくかかわっているからです。「まずはマインドセットから」という在り方は、箕面高校においても重要かつ、欠かせない最初の一歩でした。

奪う先生、奪う親。与える先生、守る親

親にも先生にも、そして生徒本人にも、マインドとスキルが必要です。マインドに関しては、まず勝手に無理だと思わないこと。これは親も生徒も先生も全員です。

親であれば費用と安全性を調べること。先生であれば、海外大学への進学のノウハウを調べて把握すること。1日かければ、誰でもある程度は分かることです。

今の日本人は「知らないものを怖い」と言っているだけではないでしょうか。

繰り返しになりますが、私自身、アメリカの大学事情はかつて自分の高校時代の20年前の

知識を掘り起こしたに過ぎず、改めて一から勉強し直しました。

オーストラリアやマレーシアに至っては、ほぼ素人からのスタートです。インターナショナルスクール時代の友人が行っているので、ある程度の予想はつきますが、プロとして指導した経験はそれまでありませんでした。

自分で電話をかける、怖がらずに調べ尽くす。リサーチをして、自分で行って、人を呼んで、話を聞いて……と少しずつ段階を踏みました。

日本では黙って座っているだけで、欲しい情報を全て与えてくれるサービスもあり、先生たちは忙しいという名目のもとに積極的に調べようとしない場合があります。とはいえ日本の先生は優秀なので、実際に調べればきっと自分で分かると思います。

なによりもまずは、先生自身が興味を持って、生徒と一緒に勉強し直す気持ちを持つことです。

「先生は偉くて、知識を持っている存在」を前提にしてしまうと、「知らないことはダメなこと」になってしまいます。それでは、生徒と一緒に学ぼうとは到底思えないでしょう。

結局のところ、生徒も先生も分からないのだから「一緒に走ろう」がいいと思います。

先生が真摯な姿勢を見せれば、生徒も一緒に動き出してくれます。

要は先生自身がまず、心のハードルを下げること。一から勉強し直せばいいだけのことなのです。そうすれば、生徒の世界への門戸を開けることができるのではないでしょうか。先生自身が壁をなくして世界を広げれば、生徒には無限の可能性を提供できると私は思っています。

「知らないから怖い」ではなく、自分で受験するつもりで、生徒と一緒にもう1回調べる。とにかく、先生が1人で抱えないのが重要だと思います。

自分と向き合う勇気と体力

エッセイを書くこと＝自分と向き合いつづけることです。

自身と向き合うこと・哲学を磨くことを面白いと思う人でも、いざ書く段階となれば、かなりの厳しさを感じると思います。

アメリカの大学に進学できたにも関わらず、途中で帰ってくる人をたくさん見てきました。授業についていけないというよりは、ノリで受けて受かったものの、何のために行ったのかよく分からない、さまよい人のような感じでした。

もし、エッセイを書くことが、単に合格を目的としたものであれば、まだ簡単かもしれません。ですがそこに至る過程、プロセスの方がはるかに重要です。なぜならこういったエッセイに必要とされる、自分と向き合う勇気と体力がなければ、たとえ合格したとしても途中で潰れてしまう可能性が高いからです。

これまで見てきたエッセイのテーマで「一番大変だ」と思ったのは、ブラウン大学の「Why Brown?」です。この問いにわずか100語（2018年より200語に増えて少し楽になりました）で答えなくてはいけません。

最低でもノート3、4冊はブレイン・ストーミングで言葉と思いを抽出した後、リライトを繰り返しますが、なかなか書けるものではありません。日本のエッセイで40回書き直すことはまずありませんが、海外のエッセイは基本20回から40回はリライトします。それでもなかなか届きません。

書き方にもコツはなく、テンプレートで書いた日には合格の可能性はほぼなくなります。その人自身のオリジナリティと哲学が見えなければ意味がないのです。

進学後の山本さんは、大学のエッセイのフィードバックにおいて、文法上の指摘を受けることはあっても、論理的な展開・内容を指摘されることは極めて少ないと聞いています。

もちろんインターナショナルスクール出身者に比べれば、英語力はまだまだ足りないにしても、エッセイに通用するロジカル・シンキング（論理的思考）や、クリティカル・シンキング（批判的思考）は、日本で身に付けていったのだと思います。

では、彼女がそういったスキルを得ることができたのは、2年間受けていた土曜講座が直接的な要因になったのかというと、私は違うと思っています。

重要なのは、土曜講座を含む箕面高校での改革全般のキーワードとして「オーナーシップ」を掲げていたことであって、講座はそれを育む手段の一つに過ぎません。土曜講座は、プログラムを完璧に作り上げてから出すのではなく、未完成の段階で提供して、生徒からのフィードバックで作り変えていくという講座でもありました。

なぜか日本の子どもたちは「誰かにやってもらえる」と思っています。でも、海外に行ったら誰も何もしてくれません。

先生や生徒が参画して、よりよくしていくための余白やゆとりという意味での遊び、「わざと隙を作る」ことこそ、箕面高校で目指していた改革のテーマでした。

エッセイの指導方法

エッセイの指導方法に関してはさまざまな流儀がありますが、基本的に共通するのは対話です。

例えばエッセイのテーマがあれば、その題に対してまず直観で感じることを書いてもらい、そこから対話を始めます。日本で対話というと誘導をかけがちですが、ここではほとんど質問を質問で返します。

「先生これどうしたらいいと思う?」と聞かれたら「じゃあ、あなたはどうしたらいいと思っているの?」と、一切答えずにひたすら質問を続けます。

言語にならないことが出てきたときには、こう言い換えたらどう? というサポートはしますが、答えは持っていません。言われたことに対してそのままそっくり質問を返すような感じで対話をします。

一番大切なのは、どんどん深堀りしていくイメージをもつことです。その生徒を構成している要素をどんどん聞き出して、共通するキーワードからさらに高い次元の抽象概念を引き出す。要は、生徒自身が持っているいいところを、問答でどんどん引き出すのが我々の仕事です。

例えば「なぜそう思ったの？」「なぜそういう行動したの？」という問いかけはよく使います。本人の中でも、そういった背景や根拠が分かってないことがよくあるので、それに寄り添って伴走して繰り返していくイメージです。

こういうときに、答えを言ってしまう先生が多いのですが、私の場合、口では「そうかー大変だなー」などと言いながら、本当のところは「だって君じゃないから分からないし、しょうがない」「どれだけ聞かれても答えられないな」というスタンスで質問しつづけます。と同時に応援もしつづけています。

高校時代には、何か説明するたびに「なぜ？」「どうして？」「根拠は？」「目的は？」と延々と2時間くらい聞いてくるような先生たちに学んでいました。

これらは全て、本人が自分の本性に気づくための問いかけです。こういうやりとりは、海外へ行ったら必ず待っているものです。授業中に何かを答えると「それはなぜ？」「君はなんでそう思ったの？　根拠は？　目的は？　経験は？」と必ず質問攻めにあいます。

日本でそういうことをせずに自分だけでやってきた子どもたち全員に、こういったインタラクティブなやり取りが待っているのです。行ってしまった以上は逃げられません。それは国際会議に出ても、社会に出ても同じことが待っています。

それがしんどいと思うのは、単に経験不足なだけで、それが当たり前の環境下で育っている人にとっては、痛くもかゆくもないわけです。だから、今までしていなかったのであれば、とにかく慣れていけばいいものだと思います。

大切なのは、答えに自分で気づいてもらうために、適切な問いを子どもに与えられるかどうかです。

例えるなら、本人が打ってきた球を打ち返すような感覚です。日本語では聞き慣れないかもしれませんが、「哲学を強くする」という言葉があります。その人が持っているアイデンティティや、フィロソフィ（哲学）を明確にするための問いを投げかけるということです。

こういった問いかけをすることを、日本の先生たちには「要は禅問答みたいなものです」と、私はお伝えしています。どこまでいっても答えはない。それは、本人の中にしか絶対にないわけですから。

授業が上手すぎる先生は生徒のためにならない

「いい先生の定義」というものがあります。残念ながら、頑張りすぎる先生は生徒にとっては邪魔になります。そして授業が上手すぎる先生は、何も考えない生徒を大量生産してしまう可能性があります。それはかつて日本の国語教育のパイオニア・大村はま先生や百ます計算の生みの親・岸本裕史先生もおっしゃっていました。

上手くて、少しボケたところのある先生がちょうどいい。わざと足りないところを作り、つっこまれる余白を残して生徒が参画できる隙間をつくる。そういう先生が「いい先生」だと思います。

私は生徒にも先生方にも常に「日本人は無限の可能性を持っています」と話しています。どうか「今からじゃもう遅い」「どうせダメだ」といって、可能性を自分から捨てないでほしいのです。みんな能力は極めて高いのです。それを、自分たちの勝手な判断基準だけで「できる、できない」と決め付けることは、自分たちの手で可能性をつぶしているようにしか見えません。

生徒の可能性を広げられるのは先生だけです。先生が生徒の可能性を信じなくて、一体誰が信じるのでしょう。

そのためにもまずは、自分より高く広い視野をもった人と話をする機会を持ち、自分の思い込みや勝手な想像だけで、判断しないようにしていただきたいと思っています。

諦めたらそこで終わり

山本さんがアメリカの大学に行きたいと言うのを聞いて「君ならできる」と言ったとき、周りの先生たちが「そんなの無理だ」と笑っていました。あのときの笑いは共感の笑いではなく、ごまかしの笑いだったと思っています。要は「何かよく分からないことを言っているな」という笑いです。

スタンフォード大学には「笑いには2種類しかない」という言葉があると聞いています。それが、共感の笑いとごまかしの笑いです。

今の日本には、たくさんの「ごまかしの笑い」があります。例えば「世界を変える」といった素晴らしい崇高な意見を「お前には無理だ」という言葉でつぶしていたりもするからです。

日本は、松下幸之助のように、「世界を変える」と言って本当にやり遂げた人たちがいた国です。そういう人をみんなで応援する社会になっていけば、きっと素敵な国になるだろうと私は思います。

多くの人が様々な要素や条件を前提にして、「無理だ」と思っていることは、実は全てクリアすることができます。幸運なことに今はインターネットもあるのですから、後はとりあえず無理だと思わずに行動しつづける。ここに尽きます。

あのとき、私が箕面高校で行った改革自体、誰もが無理だと言っていたことばかりでした。もし無理だと思って諦めたら、そこで負けが決まってしまいます。逆に諦めなければなんとかなるものなのです。

この本が多くの人に届くことで、地方や公立といった、ごくごく普通の高校生の子どもたちの新たな選択肢として「海外大学」という存在に光が当たることを心から願っています。

チャレンジする生徒と共に走りつづけるために

髙木 草太（前大阪府立箕面高校 英語教員）

兵庫県生まれ。ベルギーとマレーシアで育った後、オーストラリア・クイーンズランド大学で工学・ビジネス・教育学を専攻。帰国後、箕面高校を含めた複数の高校で数学と英語の教員として勤めた後、タクトピア株式会社へ参画。ラーニングデザイナーとして海外研修やスタディキャンプの設計運営に携わっている。タクトピア株式会社（http://taktopia.com/）

公立高校での教員生活

私が大阪府立箕面高等学校に赴任したのは2015年の4月のことです。それまでは大阪のインターナショナルスクール併設の学校で、非常勤講師として数学を教えていました。オーストラリアのクイーンズランド大学で教員免許を取得したものの、日本で正式に教員になるためには、再度教員免許を取得する必要がありました。

同じような教職課程の内容を違う言語で学ぶために大学へいくことが回り道のように感じていた時期に、「大阪府教育委員会が英語教員を募集しているよ」と複数の人に同時に勧められて応募したのが、SETの募集でした。

SET（Super English Teacher）は、当時の大阪府教育委員会から『骨太の英語力養成事業』の指定校に派遣された、英語専門の教員人材です。教員免許の有無を問わず、英語の4技能が扱える人材の募集で、3年から最長5年の特定任期付きの採用でした。

試験に合格した私は、いくつかの公立高校で現場を体験し、大阪府立箕面高校への派遣が決まりました。

高校を訪れた日の最初の洗礼は、校長の日野田先生による熱いプレゼンテーションでした。それは世界の変化に始まり、国から4技能への期待値、入試の形も変わっていく中で、力を貸してくださいという話でした。

TOEFLは分かりやすい数値的な目標に過ぎず、結果としてついてきたらいいけれど目的ではないこと、海外で仲間をつくり、チャレンジをしながら渡り合うことのできるような英語力を身に付ける重要性を話されていたように記憶しています。

日野田先生の話を聞きながら、よりアカデミックスキルが身に付くようなカリキュラムを、生徒に提供することが求められているように感じました。それは日頃考えていたことと、まさに同じだったので、私はワクワクしながら「公立高校で英語を教える」という未知の体験を前に、光が差したように感じました。

そしてSETとして、国際教養科（現・グローバル科）の生徒を対象とした学校設定科目の授業を3年間担当することになりました。

第一印象は〝前のめり〟

山本さんのことは今でもよく覚えています。授業が終わった後に、「授業内容に質問がある」と呼び止められたのが最初でした。

内容は思い出せないのですが、納得のいくまで聞きたいといわんばかりの強い瞳と〝前のめり感〟に圧倒されました。

職員室に戻ってから「山本つぼみさんという生徒を知っていますか?」と他の先生に聞いたくらいです。

やる気があるだけでなく、もしかしたら「もっと」を求めているのかもしれないと感じました。その後、「英語のスピーチ大会に出たいので、内容を見てもらえませんか」と言われて、直接話す機会が増えていったように思います。

1年生のときにつくったスピーチを持ってきたので、そのスピーチを通じて何を伝えたいのかを改めて一緒にブレイン・ストーミングし、最終的には原型をとどめないほど変えることになりました。

このときは、「本人が伝えたいことを伝えるためにどうすればいいか」にフォーカスし、このままでは伝わらないだろうという箇所をピンポイントで指摘して、フィードバックをしたと思います。

先生の本気を引き出す生徒の存在

赴任当初は、初めての公立高校の現場を手探りで進んでいるという状態でした。

どういう英語教育が行われているのかも知らないまま飛び込んだこともあり、まずは学校で行われているやり方を覚えて、郷に入れば郷に従う姿勢を見せなくてはいけないのだと考えていました。また、生徒もそういうやり方にきっと慣れていて、学び方が変わるのを嫌がるだろうと思っていました。

公立高校の現場においては、自分なりの「これがいい」「こういうやり方を試してみたい」といったオリジナリティは求められていないと思っていたのです。

この思い込みの枠は、山本さんとのかかわりの中でどんどん外れていきましたが、それは私の期待を超え続ける姿を見せてもらっただけではなく、自分の中で線を引いていた「これ以上は言わないほうがいいだろう」を超えた先を望む、彼女のあり方からの影響が大きかったと思います。

最初はエッセイ一つにしても「こんなに真っ赤にして返したらモチベーションを下げてしまうのではないか」と気にしながら返していました。ですが、彼女は私がどれだけ赤入れをしても「本当にこれでいいんですか？」と修正して持ってくることを、納得のいくまで繰り返す生徒でした。

「プレゼン大会で優勝したい」という言葉も、最初こそ聞き流していた部分もあったのですが、徐々に本気だと気づき、「これは自分の認識を改めないといけない」と強く感じたのを覚えています。「この先は彼女の期待値に徹底的に応えよう」と思いました。

山本さんはアメリカのいわゆるトップ大学に入ることにフォーカスをしていて、その覚悟はありましたが、そのために必要なスコアもスキルも全く足りていない状態でした。ですが、こちらの心配をよそにＴＯＥＦＬのエッセイも、最初の頃とは違うベクトルで持ってくるようになりました。

彼女からの進学に関する相談は、常に具体的で、おおざっぱな質問や「教えてほしい」「どうしよう」ではなく、事前に自分で調べた上で「こうしようと思っています」ということに対するフィードバックを求めていたことも印象に残っています。

多少の後押しは必要でしたが、全面的に私に頼るという感じではありませんでした。

このように彼女の本気度は、目に見える形で現れるようになり、「人はこんなに成長できるものなのか」と驚かされる日々でした。

全力で彼女のニーズに取り組むようになった結果、優しい対応はあまりできなかったと自覚しています。卒業して何年も経ちますが、「本当は嫌われているんじゃないだろうか」と今でも思うくらいです。

エッセイの先に掴んだ自信

決して大げさな話ではなく、山本さんは毎日職員室に何かしらをもって来る生徒でした。ほとんどは何枚にもわたるエッセイです。

構想の段階から一緒にやってみたり、いろいろなアプローチを試しながら手探りで進めていきました。

一番多用したのは、修正が必要なところに下線を引いて指摘するという方法です。下線だけ引いて、どう修正するかは自分で考えてもらう場合もあれば、自分だったらこう書くという例文も添えて、取捨選択を本人に任せることもありました。

エッセイ指導に関しては、「本人の意図がそこにあるかどうかを確認しなければいけない」といつも思っていました。

そうなると「なぜ?」という問いの対話になっていきます。

何を書きたいのかは、こちらから見ていて分からなくはないのですが、答えと思われかねないことは言いたくありません。言ってしまうと思考が固まり、真意が見えにくくなるからです。だから本人の口から言わせたい。考えていたのはそれだけでした。

あるときエッセイが劇的に変わった瞬間がありました。

内容も書き方も、圧倒的にレベルが上がったのです。「これは褒めなくては」と思わず彼女を探しにいって、感想を直接伝えましたが、彼女は喜ぶ顔をなかなか見せることのない生徒でした。実際、独学での勉強は本当にしんどかっただろうと思います。放課後に見回っていると、教室で膝を抱えてうずくまっている姿を見かけたこともありました。いろいろなことを抱えていたと思いますが、そういう姿をほとんど人に見せていなかったと思います。

そのように自分で困難を乗り越えていくプロセスを見ながら「彼女ならきっとアメリカの

大学に行っても大丈夫だろう」と思いました。なぜなら海外大学への進学に関しては、サクセスストーリーではない側面もたくさん知っているからです。

ふんわりとした気持ちでアメリカの大学に進学して、途中で帰ってくる生徒たちをこれまで何人も見てきました。でも彼女ならきっと大丈夫。そう確信しました。

結果論で正解になるだけで正解はない

高2からアメリカの大学の出願が始まる高3の秋くらいまで、山本さんの英語学習のサポートをしていました。最終的にTOEFL iBTのスコアが88点での出願でしたが、スコアが低いままの出願はよくある話です。

出願した中のどこかの大学にはきっと受かるだろうというレベルには達していましたが、どれほど完璧に出願書類を揃えて挑んでも、合否は予測不能です。

いざ出願の段階になってしまうと、こちらからできることが何もなくなってしまうのがつらいところでした。もしかすると何かできることがもっとあったのかもしれません。

もしあのとき、何かサポートできることがあったなら、彼女に聞いてみたいと思います。

第一志望のウェズリアン大学のウェイティングリストに入ったと聞いたときは、「せっかくここまできたのだから、妥協したり、悔しい結果になるのは避けたい」と思いました。結果がついてきて、本当によかったです。

ですが、これも結局のところ、結果論にならざるを得ません。

何をしたから受かる・受からないという話はたくさんありますが、最終的には大学側が決めることです。決め手になるのが何なのか、それがわかっていたら誰も苦労はしません。

例えば、大学のOBと繋がっていたほうが有利だという話は、アメリカの大学でよく聞きます。ということは、みんな知っているので誰もがその手を使うわけです。結局のところ、こういった結果に対して「あれがよかった」「これがよかった」という理由を見つけることに、あまり意味はないように私は思います。

ただ言えることは、彼女は言われたことを本当に全部やる、努力の人だったということです。ただ待つことに何も意味がないことも分かっていました。最初からだめだと諦めず、追加のエッセイやポストカードを送るなど、まずはやってみるという生徒でした。

この姿勢も、アメリカの大学にフィットしている点の一つだと思います。

どうやって海外大学に合格する英語レベルに引き上げたか

日本の教育を受けてきた生徒が、海外のトップ大学に合格する基準のスコアを取り、英語での面接を突破することは、決してたやすいことではありません。

ですが、この本を手に取られたことで、それが不可能ではないこともお分かりかと思います。

もちろん生徒自身の頑張りが必要ですが、先生側としては、彼らのモチベーションの火を消すことなく、やり抜きたいと思える心を支える存在であることが重要です。

また、着実にスコアとスキルを上げていく伴走者でありつづけるために、私が実際に箕面高校の授業で実践していたことをいくつか紹介します。

1. できていないことより、今できていることを伝える

これは常に意図していたことで、理由は2つあります。

一つはできていないことの指摘よりも、できていることを伸ばす方がはるかに簡単で、生

徒のやる気が出るからです。

もう一つは、海外において重要とされる「どこがよかったかを他者に素直に伝える」スキルを身に付けてほしいと思っていたからです。そのためにもまずは、自分がその例を見せていくのが一番だと思いました。

私が多用していたのは、生徒が発言して極端に間違ったときに行うポジティブなフィードバックです。

「言ってくれてありがとう。その部分を間違える人はたくさんいるんだ。君がいまチャレンジして発言をしてくれたことで、みんな意識することができると思う」といった声がけをよくしていました。

思い返すと、生徒が間違えたときほど、嬉しそうに褒めていたように思います。間違えたということは、チャレンジをしたということであり、知らないことや不確かなことを生徒が一歩乗り越えた証だからです。

たとえ正解でなくても「いい例を出してくれた」と言いつづけていると、いつの間にか生徒の発言は途絶えなくなり、結果として授業も進めやすくなりました。

2. 45秒間話しつづける力をつけさせるアクティビティ

TOEFLには、45秒間英語で答えるスピーキングの問題がありますが、その最初の一歩として時間を埋めるスキルを付けることから始めました。

やり方としては生徒全員に立ってもらい、自己紹介を英語で45秒間話しつづけてもらいます。

大抵は、20秒を過ぎたあたりから全体の声のボリュームが下がり、35秒過ぎからは無言になっていきます。

そういった結果を踏まえて、海外では質問を受けたときに無言でいると、答える気がないと思われてしまうこと、日本のように察するという文化がないため「いま考えています」と明確に伝えなくてはいけないことを伝えました。

無言の時間を埋めるやり方としては

Um

Well

Let me see

などが使えると話しました。

これらの言葉で無言になっていた時間を埋めて、同じ内容でもう一度スピーチをします。黙ってしまう生徒を見つけたら、「はい、Let me see って言ってみて」「とりあえず使ってみて」と、こちらからどんどん声をかけるようにしました。

こういったつなぎの言葉は、究極的には減らしていくべきものですが、その前にまず「私はあなたの話に興味があります。私はあなたの質問に答えたいと思っているけれど、答えが出てこない。なぜなら考え中だから」と表現できなければいけません。

中には、ほぼ Let me see しか言っていない生徒もいましたが、無言の時間は埋められたので、目標は達成です。

学期を通してこういったアクティビティを継続していた理由は、「自分はこれができない」と体験的に自覚すると「なぜできないのか」を考えるようになり、生徒それぞれがよりクリエイティブな発想ができるようになるからです。

なぜこれをすることが大事なのか。できないことができるようになるためには、どんなスキルを身に付けたらいいのか。

授業の構成を考えるときは、常にこの2つが生徒に伝わるように組み立てていました。

3. 似たような英語表現・意味の浅い表現の指摘

前提として、同じ表現を繰り返していたり、意味の浅い単語を使っていると、他の表現を持っていない人・幅がない人だと思われてしまうと伝えました。

ライティングでは、似たような表現を多用している生徒に対して「使いすぎ」と赤線を引き、こまめに指摘をしました。スピーキングでは、いつもと違う表現をする場として、good/bad/something, somebody など some から始まる単語といった、具体性のない表現を一つピックアップして、使用禁止にする45秒間の英語スピーチを取り入れました。

very もそうですが、言っても言わなくても文が成り立つ単語は、使っても意味があまりありません。何かを強調したいのであれば、extremely など表現は多彩にあります。評価されないマイルドな表現はＮＧワードにしました。

他にも、例えば「宿題」という単語を使わずに、宿題を英語で説明するといった練習も行いました。もし、「学校から指定された家で終わらせてくるべき勉強」と言えるようになれば、宿題という単語を何度も言わなければならないときでも、違う表現ができるようになるからです。

こういった練習の一番の利点は、単語を忘れてしまったり、日本語は分かるけれど英語では分からないときでも、会話が続けられるようになることです。

海外の人と話すときに「ナス」が言えなくても、紫色の野菜と説明できるスキルがあれば、それほど語彙力がなくても大丈夫なのです。

一口に英語力を伸ばすとなると、語彙を増やすことに意識が向きがちですが、表現を増やすことに注力してもらうために、こういったアクティビティを取り入れるようにしました。

4. 生徒同士でフィードバックし合う時間をつくる

海外では聞くだけ聞いて何も返さないのはとても失礼な行為なので、改善点やどこがよかったかを伝えることは、非常に重要度の高いスキルです。

生徒には「一方的にサービスを享受している側にならないようにしよう」「もらった分は返す人になろう」と話しました。

私自身が、日々生徒に対して行なっていたことに

(1) ポジティブなフィードバック
(2) 質問
(3) オプション提示(別案)
(4) 改善の提案

という、4段階のフィードバックがあります。

同じ手順を生徒同士の実践に組み込みました。

まずはペアになり、どこがよかったかを指摘し合うことからスタートします。これをスピーキングの際に行うと「声が大きかった」「ハキハキと話せていた」「発音がよかった」といったコメントがしやすいことが分かりました。

次の段階では、お互いに質問をしてもらいます。質問をすることは比較的ハードルが低く、「なぜこういう表現になったのか」「この部分に興味があるのでもう少し詳しく教えてほし

い」といった、ポジティブなフィードバックがしやすいのでお勧めです。

特にライティングでは「ここで何を言っているのかわからなかった。どういう意味？」といった質問がしやすく、言われた方も「ここは表現変えたほうがいいのか」とすぐに分かります。

このやりとりだけでも次の改善に繋げることができるので、お互いに価値のあるフィードバックができるようになりました。

質問ができるスキルが身に付くと、最後は改善のフィードバックです。

足りないところを指摘するだけでは、ただの攻撃になりかねません。悪いところを指摘するときには、必ず改善を意識します。「どうやったらもっとよくできるのか」「こうしたらいいんじゃないか」という提案まで考えなくてはならず、これが一番難しいところです。

改善の前段階としては、「今はこうだけれど、こういうこともできるよね」という、別案の提示もできます。

そこから先は「ここは変えた方がいいよ」という指摘になるのですが、言うかどうかは判断が難しい部分です。それでも究極的には、生徒同士でそこまでできるようになればいいと思っていました。

こういった実践は授業に取り入れていたほんの一部ですが、どれも手探りの状態から始めたものばかりです。

私自身、自分の経験則で上手くいった方法を1本のストーリーとして描いている最中で、これが答えだというつもりは全くありません。ですが試したことがないのであれば、やってみる価値はあると思います。それぞれの場所で試しながら、うまくいかないときには、その都度ご自身で変えてみることもできるのではないでしょうか。

どんな順番でどんな実践をしたとしても、何かしら得るものは必ずあります。「ちょっと真似してみようかな」「やってみたい」と感じたものがあれば、ぜひ使っていただきたいと思います。

今という時間を大切に生きる

いま在籍しているタクトピアは、「グローカルリーダーへの発射台」をテーマに掲げている組織です。

ここでラーニングデザイナーとして海外研修や国内のキャンプ研修などのプログラムを学

校のビジョンに沿った形でつくり、企画から実施まで包括的に担っています。以前は管理職側に退くことも考えていましたが、今は生涯現場にいたいと思うようになりました。

少し大げさに聞こえるかもしれませんが、「教科を超えた先にある、生きる力を身に付ける教育」を目指したいと思っています。

好きなことを追い求めていける人生を生徒に伝えたい。ならば、自分が好きでもないことをやっていては、説得力がない。生徒に伝えたい生き方ができていると感じる今が、楽しくて仕方ありません。

先日、山本さんと会う機会があり「早く働きたい」と話すのを聞きました。私は「なんてもったいないことを言うんだろう」と感じました。駆け足で成長していく彼女の姿に嬉しさを感じつつ、優秀で、自分の力で道を切り開いていける彼女だからこそ、すぐにでも社会の中で実力を発揮できるであろう姿が見えて、逆に「急ぐなんてもったいない」と思ったからです。大学生のときにしか経験できないことは、思っている以上にあるものです。

単に遊べと言っているわけではありません。実用的に思えないこと、一見遠回りに見えることでも、実際はそうではないこともあるということです。

そして、そういうときに出会う人で人生が変わることもある。

彼女の大学生活が、多くの可能性に扉が開く、有意義な日々になることを祈っています。

あとがき

単身18歳で海を渡り、「英語が分からない」「友達ができない」「勉強についていけない」と泣いて眠れない夜をたくさん越えてきました。

世界中から集まる友人に囲まれる中で、日々もがきながら何とか大学生活を乗り切り、気づくと成績優秀者のリストに自分の名前が載っていました。

夢を追う道のりは険しく、正解はどこにもなく、近道もなく、全てはやってみないと分からないことばかり。

私自身、実際に合格通知が届くまで、海外の大学に行くことができるとは全く思っていませんでした。

周囲で海外のトップ大学に進学した人を見ると、9割は海外の高校、首都圏の有名進学校、またはインターナショナルスクールの出身です。

私のように、地方の公立校出身で海外経験を持たない人は皆無に等しい状況です。しかしながら、私のバックグランドこそが日本においてボリュームゾーン（人数が多い層）のはずです。そしてこのボリュームゾーンがもっと世界に羽ばたけば、日本の未来はもっと明るい方向に変わると信じています。だからこそ、私はこの本を書きました。

最後に、いつも私の突拍子もない決断を応援してくれる両親と、本書の刊行に尽力してくださった編集者の安達明子さん、ＩＢＣパブリッシング社長の浦晋亮さん、「本書によせて」を寄稿してくださった、日野田先生と草太先生、本の帯に一筆をとってくださった村上さんに感謝の意を述べさせていただきます。

「そんなの無理だ」って思うことに、みんなでチャレンジしていきませんか。

ここにある私のささやかな挫折と成功体験が、誰かにとって夢に向かって歩む力になったなら、こんなに嬉しいことはありません。

山本つぼみ

あたらしい高校生

海外のトップ大学に合格した、日本の普通の女子高生の話

2020年4月7日　初版第1刷発行

著　　者　山本 つぼみ

発 行 者　浦 晋亮
発 行 所　IBCパブリッシング株式会社
〒162-0804
東京都新宿区中里町29番3号
菱秀神楽坂ビル 9階
www.ibcpub.co.jp

編集・構成　安達明子
装　　丁　寄藤文平＋古屋郁美（文平銀座）
D T P　コントヨコ

印　　刷　株式会社シナノパブリッシングプレス

ISBN 978-4-7946-0617-4